WILD CHINA

FROM MAGIC PLATEAU TO THE PLACE OF A BLIZZARD BEYOND THE GREAT WALL

林乐乐 著

美丽中国

从神奇高原到风雪塞外

北京理工大学出版社
BEIJING INSTITUTE OF TECHNOLOGY PRESS

版权专有侵权必究

图书在版编目（CIP）数据

美丽中国．从神奇高原到风雪塞外 / 林乐乐著．-- 北京：北京理工大学出版社，2019.3
（美丽中国三部曲）
ISBN 978-7-5682-6590-4

Ⅰ．①美… Ⅱ．①林… Ⅲ．①中国－概况－通俗读物 Ⅳ．①K92-49

中国版本图书馆CIP数据核字（2019）第001372号

出版发行 / 北京理工大学出版社有限责任公司	
社　　址 / 北京市海淀区中关村南大街5号	
邮　　编 /100081	
电　　话 /（010）68914775（总编室）	
（010）82562903（教材售后服务热线）	
（010）68948351（其他图书服务热线）	
网　　址 / http://www.bitpress.com.cn	
经　　销 / 全国各地新华书店	
印　　刷 / 北京彩和坊印刷有限公司	
开　　本 /889毫米×1194毫米　1/16	
印　　张 /13.75	责任编辑：陈　玉
字　　数 /288千字	文案编辑：陈　玉
版　　次 /2019年3月第1版第1次印刷	责任校对：周瑞红
定　　价 /118.00元	责任印制：李志强

图书出现印装质量问题，请拨打售后服务热线，本社负责调换

目录
contents

第一章　神奇高原　　　　　　　　　　　　　　　　　　　1

青藏高原，一片静谧而又神秘的土地，其独特的地形和气候，孕育了一个独一无二的生物区系，这里绝非什么不毛之地，而是一片生命的乐土……

第二章　风雪塞外

严酷的自然气候条件,使塞外之地与江南水乡气质迥异,然而粗犷豪放的自然环境并没有使这里黯淡无光,反而孕育出了多姿多彩的生命华章……

第一章

神奇高原

神奇高原　MAGIC PLATEAU

青藏高原，一片静谧而又神秘的土地，面积约250万平方千米，平均海拔在4000米以上，被称为世界屋脊。这片高原占据了中国四分之一的国土面积，南起世界上最雄伟的山脉——喜马拉雅山脉，北至昆仑山、阿尔金山、祁连山一线，西接帕米尔高原，东与秦岭、黄土高原相邻。青藏高原的名字透露出来，西藏和青海占据了整个高原的大部分面积，除此之外，四川、云南、甘肃、新疆的一部分也包括其中，并向南向西延伸到不丹、尼泊尔、印度、巴基斯坦、阿富汗、塔吉克斯坦、吉尔吉斯斯坦各国。

提起青藏高原，也许人们最先想到的是高原腹地猛烈的风雪、恶劣的气候、稀薄的空气、强劲的紫外线，然而事实上青藏高原是一个比想象中更加丰富多彩的地域。这里既有山地高原，也有河谷湖盆；既有终年积雪的冰峰、辽阔的永久冻土，也有气候湿热的热带、亚热带河谷；既有草地和荒漠，也有湿地和森林。青藏高原独特的地形和气候，孕育了一个独一无二的生物区系。这里绝非什么不毛之地，而是一片生命的乐土，这里拥有众多青藏高原特有的物种，这里的大型野生动物，远比中国其他任何一个地区都要多。

今天，青藏高原依然保持着自己独有的特殊风情。正是这一古老的风情，在这片纯净的天地间，孕育着地球上最具生态意识的文化。这里的人们一直保持着与周围的环境、动物以及植物和谐相处的传统，正是这种特殊的人文情怀，保护着青藏高原脆弱的生态环境。接下

右图：青藏高原，一片静谧而又神秘的土地。

MAGIC PLATEAU 神奇高原

来我们将和您一起去探寻这片野性与文化完美融合的神秘土地，揭示这一切对于我们这个星球具有的极其重要的意义。

盘羊

入冬的青藏高原，温度很快会下降到-40℃。这个时候，生活的一切目的都被简化到只要活着。尽管这里的冬天看上去荒凉贫瘠，但在边远地带的一些草场中，你甚至能发现许多在这个季节里很难寻觅到踪迹的稀有动物，比如世界上体型最大的羊——盘羊。

各种各样的羊，在分类学里都属于偶蹄目，大多数的家畜都是由偶蹄目动物驯化而来的，比如猪、牛、羊、骆驼等。这个目的名字描述了它们共同的特点，偶数的趾。如果您留意这类动物的蹄，会发现它们有两个趾看起来非常明显，这是它们发达的第三趾和第四趾，两个趾几乎差不多大，是支撑身体重量的主力；剩余的趾中，第一趾已经完全消失，第二趾和第五趾也明显退化，小而向后排列。偶蹄目的动物大多都是严格的草食动物（杂食的猪是个例外），它们中的一些有结构复杂的反刍胃，比如牛科的牛、羊、羚羊等，具有十分强大的消化植物性食物的能力。

1273年，当前往中国的意大利旅行家马可波罗穿越帕米尔高原时，他在这里看到了一种

下图：入冬的青藏高原。

"体形巨大的野羊,它们的角可以长达六个手掌的距离"。这种动物被以他的名字命名,被称为马可波罗羊。马可·波罗看到的动物,是盘羊的一个亚种。盘羊生活在亚洲中部的山地环境中,在中国,它们广布于西部的高原山地。在西藏的高原,生活着盘羊的西藏亚种。它们浅褐色的毛皮上,搭配着白色的胸腹和臀部,雄羊的颈部还有白色的鬣,像是围了一条蓬松的围巾。

盘羊是各种羊中体型最大的一种,在盘羊

上图: 一只独自活动的雄性盘羊。

众多的亚种中,又以帕米尔高原的马可波罗羊的体型为最。雄性盘羊的体型几乎是雌性的两倍,肩高达到120厘米,体重可达140千克。盘羊最令人印象深刻的,是马可·波罗描述的它们头上"六个手掌"长的巨大羊角。雌性盘羊也有角,但雄性的角更大,更夸张。那些螺旋状的大角形状如盘,可以终生生长,长度和弯曲程度随着生长而增加,有些盘羊的角甚至能环绕360°还有余。羊角的长度是指从角基部沿着内侧边缘的弯曲量到角尖。盘羊角的最长纪录是1.7米,角基部最粗的地方,周长接近55厘米。羊角上那些深而细的凹槽,就像它们的年轮,通过这些凹槽的数目,能够推测它们的年龄。盘羊是绵羊的野生近亲,它们所在的盘羊属,也被称作绵羊属。家养的雄性绵羊也有螺旋状的角,但远没有盘羊那样威猛。

雄性盘羊的大角是争夺配偶的武器。到冬天交配的季节,雄性盘羊们在一起"角斗",一番挑衅之后,双方加速奔跑,低下头以角相撞,哐哐的撞击声在山间回荡。大角是公羊赢得交配权的利器,但也会成为它们生活的累赘。头顶沉重的角,让它们在日常有如负重拉练,奔跑速度和攀岩的能力都受到了很大的限制,远不如它们在青藏高原上的邻居——岩羊那样走起来脚下生风,攀登峭壁如履平地。尤其当雄性盘羊步入老年时,大角就成了沉重的负担,它们将被羊角拖累得更加疲弱,再也无法以此为傲。雄性盘羊的角,就像雄性红腹角雉"华而不实"的外表。雄羊的羊角在为博取雌性欢心的无休止的"军备竞赛"中变得越来越夸张,越来越沉重。对于雌性来说,拖着如此沉重的角还能照常生存的雄羊,想必是更强大的,能为它们的后代提供更优秀的基因,后代中的雄羊也会拥有在交配竞争中占尽先机的大角。

盘羊生活在开阔的高山草地,逐水草而居,

后页: 盘羊栖息在高山高原地带,厚实的皮毛能抵御冬天的严寒,白色的吻部、四肢和臀斑点缀在褐色的毛皮上。盘羊最令人印象深刻的是它们巨大的羊角,螺旋状的大角形状如盘,有些盘羊的角能环绕360°还有余。

神奇高原　MAGIC PLATEAU

夏季在较高的海拔活动，以草类和地衣为食；冬季迁到低处，它们厚实的毛皮是寒冷冬天的保暖"神器"。盘羊是群居动物，不过除了交配季节，雌性和雄性盘羊不在一起活动：雄性盘羊单独活动，或者结成小群体；雌性盘羊则带着幼崽结成稍大的群体。盘羊时常游走在陡峭的岩石山地，在这样的环境中，它们能得到更好的掩护，不易被狼、雪豹等天敌发现。

冬季的青藏高原寒风凛冽，皑皑白雪覆盖着大地一直伸向天际。岩羊的身影在狂风中缓缓移动，四肢在低垂的阳光下映出细长的线条，螺旋的大角在雪地里画着心形。公羊在风雪中昂首，小羊追随在"母亲"身边，在青藏高原这片残酷的土地上，并不缺少生命的力量和温存。

前页：岩羊比盘羊更轻健，非常善于攀登陡峭的山地，它们的毛色几乎与山地裸岩环境融为一体。

亚洲"水塔"

冬季的高原腹地荒凉严酷，千里之外的拉萨却是繁华热闹。每天，拉萨的寺庙前，都会聚集很多信众，这已经成为这座城市的一道独特风景。西藏有270万人口，他们中的大部分都保持着宗教信仰。藏传佛教的文化在精美的寺院、雕刻和画像中被表现得淋漓尽致，而这些信仰，更是与西藏的自然景观密不可分。

西藏南部边界的喜马拉雅山脉，就是这种联系的起点。喜马拉雅山脉，绵延三千多千米，

上图：拉萨的寺庙。

算得上是中国的又一道"长城"。数百座海拔超过七千多米的山峰，以及13座海拔超过八千米的山峰，组成了这令世人崇敬的山脉。

另外，青藏高原还分布着三万六千多个

下图：喜马拉雅山脉是一道天然的屏障，横亘在中国的西南边界，有效地防止了外敌的入侵，也许正是像喜马拉雅山脉这样的"天然长城"的存在，才使中国有了相对稳定的环境，能够成为唯一延续至今的古老文明。图中的画面，是人类第一次航拍喜马拉雅山脉，BBC《美丽中国》拍摄团队以不惧挑战的职业精神，将这些震撼人心的画面展现在我们面前。

冰川，面积约五万平方千米，最厚的地方有1000～1200米。这些冰川积蓄着四千五百多立方千米的冰储量，这是一笔巨大的财富。青藏冰川因此被形象地称为"亚洲水塔"，冰川是优质的淡水来源，而青藏高原显著高于周边地区的地势正如一座高塔，使冰川融水形成的地表径流能够顺势而下，汇集成江河。因此，冰川融水不仅是青藏高原主要的淡水来源，使得青藏高原上湖泊星罗棋布；也是亚洲地区的"万河之源"，是亚洲数十亿人口的重要水源。长江和黄河自此发源，奔流向海，成为华夏文明的摇篮。红河、澜沧江（湄公河）、怒江（萨尔温江）、雅鲁藏布江（布拉马普特拉河）、伊洛瓦底江、印度河、恒河这些孕育了东南亚、南亚文明的重要河流，同样是青藏冰川哺育的"孩子"。青藏冰川，不仅仅是一座水塔，更是生命和文明得以萌生和发展的源泉。

青藏高原上，人类仰仗大自然的资源而生存。对于人类来说，高原上那些陡峭险峻、终年积雪、气候变幻莫测的山峰，显得庞大厚重，气势雄浑，让人望而却步；那些幽深的湖泊，显得庄严而神秘。也许正因如此，那些高山和湖泊，也在人们心目中，拥有着神圣不可侵犯的地位。在万物有灵的原始信仰中，人们敬畏拥有无穷力量的自然，同时对养育了自己的自然充满感激和珍视。自然地理的山川湖泊成为人们心目中的神灵居所，主宰着世间万物。而这种神山圣湖的信仰，在藏族聚居区一直延续了下来，成为一个庞杂的神山圣湖体系。

下图：青藏冰川被称为"亚洲水塔"，是亚洲数十亿人口的重要水源。

凤头䴙（pì）䴘（tī）

上图：雪山环抱之中的玛旁雍错。

遍布高原的神山圣湖，有大有小，有高有低，而玛旁雍错，是高原上的"圣湖之王"。"错"在藏语中是"湖"的音译，例如纳木错、羊卓雍措；而"雍"字，则是意指湖水碧玉般的颜色。青藏高原上的湖泊大都处在山脉之间的山间盆地和大型谷地中，地壳变化产生了地面的断陷，积水而形成了湖泊，湖岸陡峭，湖水幽深。玛旁雍错就是如此，它位于西藏的最西端，处在冈底斯山脉与喜马拉雅山脉之间的断裂谷地之中。深达70米的玛旁雍错身处海拔4500米的高度，是世界上海拔最高的淡水湖。

雪山环抱之中的玛旁雍错，静谧安详。天气晴好时，远山白雪皑皑，湖中碧波荡漾，蔚蓝的湖水犹如一块宝石，镶嵌在黄色的土地之中。一晨一昏，当霞光洒落时，在雪山和湖面映出不同的光影，色彩斑斓，如梦似幻。美丽的玛旁雍错不仅是人们心目中的圣地，也是水鸟们栖息的乐园。

下图：天气晴好时，蓝天白云倒映在玛旁雍错的碧波中。

晚春时节，大批鸟类不顾湖水依然寒冷刺骨，从千里之外来到这里繁衍。在玛旁雍错平静如镜的湖面上，那些头顶扇子般的羽饰秀恩爱的鸟，就是凤头䴙䴘。䴙䴘是一类分布广泛的水鸟，长的有些类似鸭子（但䴙䴘并不是鸭科鸟类），尖尖的嘴，长长的脖子，羽毛柔软如丝。䴙䴘的足也有蹼，但不是鸭子那种连在一起的全蹼足，趾和趾之间都连在一起，䴙䴘的蹼像桨叶，每个趾上都有，但互相分开，称作瓣蹼。

凤头䴙䴘是䴙䴘中体型最大的一种，因头上深色的羽冠而得名。在中国，凤头䴙䴘有极

上图：凤头䴙䴘每个趾上的蹼相互分开，这样的足被称为瓣蹼足。

上图（上）：雄凤头䴙䴘通过衔草为雌鸟筑巢，来博得"佳人"的欢心。

上图（中）：凤头䴙䴘的巢是用水草搭建的一座"浮岛"。

上图（下）：交配中的凤头䴙䴘。

前页：凤头䴙䴘的非繁殖羽，头颈部没有繁殖季节的栗红色羽毛和鬃毛状羽饰。

后页：凤头䴙䴘的求偶仪式。

广的分布，它们在东北和西部的湖泊繁殖，在南方地区越冬。青藏高原上的湖泊，是凤头䴙䴘"谈婚论嫁"和"结婚生子"的地方。繁殖季节的凤头䴙䴘，换上一身亮丽的羽毛，颈上和背上，添了冬季不曾有的栗红色，颈部深色的羽毛如鬃毛一般，像宽大的领子围在喉下。凤头䴙䴘行走起来很笨拙，通常不在陆地上活动。一旦进入水中，它们就变得灵活起来。䴙䴘们善于潜水，能潜入水下几分钟时间，在遇到危险时，通常不会飞离水面，而是潜入水下。

凤头䴙䴘是"一夫一妻"的鸟，有着严格的求偶仪式。求偶的凤头䴙䴘发出"嘎嘎"的叫声，雄性先开始主动"示好"，不时游到雌性身边，用尖尖的嘴为雌鸟梳理羽毛。有时跳起求爱的舞蹈，弯曲颈部，拍打着双翅。几轮重复之后，矜持的雌性才开始回应，也为雄鸟梳理羽毛，"独舞"变成了"双人舞"，䴙䴘情侣两相对视，高高挺起身体，默契地以协调的节奏晃动脑袋或上下点头，交叉着游泳，有时嘴中还叼着水草。心满意足的情侣就这样结为夫妇，它们避开开阔的水面，躲进茂密的水生植物中交配。交配后，凤头䴙䴘夫妇衔来水草，在湖面上筑起一座浮岛，这是它们的巢。在接下来的日子里，雌性凤头䴙䴘将在这里产下卵，经过二十多天的"夫妻"轮流孵化，它们的"孩子"将出世。小凤头䴙䴘出壳之后几个小时就可以下水游泳了，它们常常藏在"父母"的翼下。

在这些地处偏僻的水域里，鸟儿们很少被打扰，凤头䴙䴘"夫妻"可以深情地投入自己的"婚舞"中，被䴙䴘"妈妈"们驮在背上的

MAGIC PLATEAU 神奇高原

左图：凤头䴙䴘亲鸟把幼鸟驮在背上下水活动，幼鸟身披黑白斑纹的绒羽。

小凤头䴙䴘可以无忧无虑地观察着周围的一切。青藏高原上尽管降水稀少，但也像南方地区一样密布湖泊，冰川融水、降水、地下水和冻土中的水分补给着这些内陆湖，高原上的湖泊和湿地为众多的鸟类提供了栖息之所。

高原飞行家——斑头雁

能栖息在青藏高原的动物，大抵都是"身怀绝技"的，斑头雁的绝技之一，就是它们令人叹为观止的飞行技能。作为候鸟，斑头雁每年要往返于繁殖地和越冬地之间。青海湖、三江源、羌塘高原和青藏高原西南的河湖湿地、天山的巴音布鲁克湿地、四川的若尔盖湿地，都是斑头雁夏季的繁殖地，高寒碱湖什么的都不是问题。冬天斑头雁偏爱淡水湖泊，雅鲁藏布江中游河谷、贵州的草海和印度、缅甸的一些湿地，都是它们的越冬地。在每年的迁徙中，那些往返于青藏高原和印度次大陆的斑头雁，要两次飞越高耸入云的喜马拉雅山脉。

斑头雁这个名字一语道破了它们与众不同的外表：它们白色的头部上有一长一短两条黑色的条纹，从头顶看是两个"U"形。头上的白色向颈部延伸出一条白线，这让斑头雁的脖子侧面形成非常醒目的"奥利奥"配色。斑头雁与天鹅同属雁鸭类，它们的脖子长度虽然不及天鹅，但也占据了近四成的身高。成年的斑

上图：斑头雁群体中，大批的小鸟同时孵化出来。

头雁站立时有60～70厘米，体重2～3千克。

每年的三四月份，刚刚回到繁殖地的斑头雁需要先来一波"暴饮暴食"，补回长途奔波的消耗，以便投入到下一项重任中去——繁殖后代。斑头雁的交配在水中进行，交配前，有个仪式要进行：雄雁会围绕着雌雁游来游去，一次次把头伸入水中，直到矜持的雌雁也开始做起相同的动作，"求偶"就算大功告成了。

交配之后，斑头雁夫妇开始寻找巢址建巢，人畜难以靠近的水中孤岛是斑头雁常见的"宅基地"。干燥向阳的裸地，吸收太阳的热量之后温度更高，这样的环境有利于卵的孵化。雌雁会先用双脚蹬出一部分沙土，地面凹陷一个浅碗状，然后填进水生植物的茎叶等材料，最后啄下一些绒羽垫在巢中，再用小石子压住，一个巢就建好了。巢建好的两周内，雌雁陆续产下2～10枚卵。然后斑头雁夫妇分工，开始为期一个月的孵化。这期间大概是斑头雁夫妇最"宅"的时候，它们活动范围很小，局限在巢址领地附近。孵卵全部由雌雁承担，雄雁负责守卫领地和保卫"家人"的安全。雌雁是个负责任的"准母亲"，孵卵时要经常翻卵和晒卵，并随时对巢进行修葺，当它离开巢饮水取食时，会用草和羽毛将卵盖好，防止卵晾凉或者被损害。

幼鸟出壳之后两三天，就可以跟着斑头雁"父母"出巢活动了。幼鸟下水时，有成鸟在旁护送。幼鸟一身黄色绒羽，像一个个小绒球，活动时总是排着队跟在亲鸟身后，一家子形影不离。幼鸟刚孵化的一段时间，斑头雁一家仍然在巢区附近活动。随着亲鸟开始换羽，它们开始转移到沼泽深处。换羽中的亲鸟会丧失飞行能力，容易受到伤害，对危险也非常敏感。遇到危险时，它们会躲进草丛中隐藏，或者进入宽阔的河流湖泊。

下图：斑头雁幼鸟跟随亲鸟下水活动，斑头雁幼鸟像个小绒球，黄色绒羽上有黑色的斑纹。

斑头雁产卵有个很有趣的现象，有研究者发现，斑头雁会把自己的卵产在其他鸟类的巢里，例如在阿里地区的班公湖鸟岛，斑头雁将卵产在棕头鸥的巢里，在新疆巴音布鲁克湿地，被借巢产卵的是赤嘴潜鸭。鸟类中这种把卵产在其他鸟的巢里，由其他鸟代为孵化和育雏的行为，被称作巢寄生，最著名的莫过于大杜鹃的巢寄生行为。这种不善于筑巢和孵卵育雏的鸟，非常善于给自己的"孩子"找"养母"，它们趁寄主鸟外出时在巢中产下卵，不明就里的寄主鸟会代替大杜鹃"母亲"孵化并饲喂幼鸟。斑头雁的这种巢寄生行为，显然不是出于自己的繁殖能力发育不完善，可能是巢址和巢材的争夺太激烈，以至于一些斑头雁无处筑巢，或巢被夺走；也或者，斑头雁的一窝卵没有成功繁殖，又没有时间赶在秋季迁徙之前再进行一轮筑巢繁殖，于是把卵产在了其他鸟的巢中。

大约一个月时间，亲鸟的新羽换齐。两个月大的小斑头雁也已经会飞了，要为秋季的迁徙做准备了。9—10月，斑头雁陆续来到特定的地点结群，离开繁殖地向南迁徙。它们通常二三十只一群，排成整齐的队伍，由年长、经验丰富的雄性头雁带领，在夜间风力比较平静时飞行。斑头雁是飞行健将，每分钟可振翅两百多次，飞行静速80km/h，借助风力可以达到160km/h，平均飞行高度六千四百多米。曾有研究记录到它们在迁徙中连续飞行8个小时越过喜马拉雅山脉。斑头雁的飞行能力，来自它们颇具适应性的身体特征。斑头雁的翅膀比同体型的鸟类更长，但振翅速率并没有下降，这样一来它们可以获得更大的升力和水平推力。斑头雁血液中的血红蛋白结合氧的能力更强，

上图：一只被巢寄生的苇莺正在喂养一只比自己体型还大的大杜鹃雏鸟。

加上强大的呼吸能力和更多的毛细血管数量，可以快速为肌肉组织供氧，这让斑头雁能够在氧气稀薄的高空快速飞行。关于斑头雁为什么要如此大费周章地越过喜马拉雅山脉来回迁徙，目前只能做一些猜测。雁属的分化在喜马拉雅造山运动之前就开始了，也许斑头雁的祖先最初迁徙之时，喜马拉雅山不是现在的样子。地壳的缓慢抬升给了斑头雁足够的进化时间，去适应这种环境变化。

斑头雁在迁徙过程中会频繁地休息，直至回到越冬地。在越冬地，斑头雁不再有领地行为，但仍然以家庭为单位活动。斑头雁是不怎么挑食的觅食者，很少花时间挑选食物，用更多的时间进食。它们常常低着头，边走边啄食植物的种子、嫩叶、根茎等。来自印度洋的暖湿气流吹来，意味着新一轮的北上繁殖又要启动了。这时 11 个月大的小斑头雁，除了没有头上标志性的黑条纹，毛色已经与"父母"非常相似。不过它们还不能参加"谈情说爱"的活动，那要等到两年之后了。

下图：斑头雁飞翔时，露出黑色的翼缘。斑头雁是飞行健将，它们是世界上飞得最高的鸟类之一，斑头雁在喜马拉雅山脉南麓度过冬天之后，每年春天都要冒险飞越崇山峻岭，来到青藏高原的湖泊繁育后代。

青海湖

青藏高原的湖泊星罗棋布，超过一平方千米的湖泊就有一千多个，面积大于十平方千米的湖泊，无论数量还是面积，都占据了中国湖泊总量的一半以上。这些湖泊以咸水湖为主，青海湖是其中的典型代表。青海湖是中国最大的湖泊，经过数百万年的蒸发，湖水中的矿物质不断积累，使得湖水日渐变咸。这里丰富的鱼类吸引了数千只鸬鹚。青海湖西北的鸟岛，是大批鸟类集中筑巢的地方。岛的东北缘，一块巨石兀立湖中，密密麻麻的鸬鹚占据着这块地盘，犹如一座鸬鹚的城堡。

青海湖是青藏高原上重要的水鸟繁殖地和迁徙中途的停歇地，每年吸引着数十万只候鸟到来。散布在湖区的岛屿和半岛为来此繁殖的鸟类提供了筑巢的场所，斑头雁、棕头鸥、渔

右图：青海湖的鸬鹚，鸬鹚长而强大的喙前端下弯成钩状，被咬住的鱼很难挣脱。

下图：青海湖。

鸥和普通鸬鹚是青海湖最主要的四种繁殖鸟类。在青藏高原上，正是这些湖泊和内海，不仅使野生动物得以存活，也提供了人类繁衍生息所必需的水源。

后页：鸬鹚亲鸟在饲喂幼鸟，鸬鹚的喉部有暂存食物的喉囊，亲鸟将幼鸟的头部吞入口中，幼鸟啄食亲鸟喉部的食物

经幡

西藏的宗教拥有一种特殊的、人与自然之间和谐的生态文化基础。他们认为，人们的生存环境中，充满了能够与灵魂世界相沟通的物质，像这些装饰过的动物头骨，以及刻有箴言和经文的石头，都被认为具有某种精神力量。人们相信，默诵经文的声音，因神力可以上达天宇，而五颜六色的经幡，则象征着金木水火土五行元素。

经幡迎风招展，上面祈祷的文字被送到天上，安抚神灵，旗杆上的经幡会经常更换，人们把更换下来的旧经幡当作护身符。靠近旗杆顶部的经幡，被认为是最吉祥的。所以有时候人们会为此争抢起来。经幡最上端的金顶一旦被谁拿到，会被当作是一件神圣无比的宝物。古老的宗教把神秘通灵的力量归因于山川河流。

右图：经幡迎风招展。

MAGIC PLATEAU 神奇高原

温泉蛇

然而这里的大自然，远不仅仅只有这一点神力。散布于高原上的温泉，就是千百万年来大自然的又一个杰作。在地壳深处，巨大的亚欧大陆板块及印度板块互相挤压，板块碰撞的力量将青藏高原抬升成"世界屋脊"，塑造了终年被冰雪覆盖的高耸山峰。与此同时，活跃的地壳活动，也带来了丰富的地热资源。地下的热量加热周围的水，热水沿着地壳的薄弱环节入侵地表，涌出地面。水成为地热的载体，水与热交织在一起，造就了丰富多样的水热活动类型。在这些水热活动中，当水温低于40℃时，被称为温泉。当水温处于45℃和当地的水沸点之间时，被称为热泉。而当水温高于沸点时，水热活动呈现出各种令人称奇的景观：沸腾的泉水翻滚不息，这是沸泉；每隔一段时间，泉水被地下积累起的蒸汽压力顶出地表，形成一股气势磅礴的喷发，这是间歇泉；被外界压力束缚的过热泉水在瞬间沸腾，伴随着惊天动地的巨响，水汽夹杂砂石向空中喷射，这是水热爆炸；蒸汽从地表空洞喷出，并瞬间凝结，形成热浪袭人的雾柱，这是喷气孔……地球上几乎所有的高温水热活动类型，都能在青藏高原上找到。

在滚烫的矿物温泉中，似乎不可能有生物存活，但是有一种蛇却不可思议地在这里生存着，这就是温泉蛇。火山运动的能量造就了喜马拉雅山脉，也为温泉蛇能在海拔4500米的高度生存下来提供了条件。温泉蛇是世界上生存海拔最高的爬行动物，西藏的温泉蛇分布在有温泉的地区，以及雅鲁藏布江中游气候比较温暖的地区。

作为变温动物，温泉蛇自身没有调节体温

下图：亚欧大陆板块与印度板块间的碰撞，使青藏高原成为地壳运动十分活跃的区域，也造就了喜马拉雅地热带。西藏是中国地热资源最丰富的地区，也是水热活动最强烈的地带，温泉、热泉、沸泉等形形色色的水热活动遍布全区各地。

下图：温泉附近的岩石堆中，是温泉蛇常见的栖身之所，它们身体的色彩与岩石十分相似，藏身其中能够躲避捕食的猛禽。

的机制，靠吸收外界热量保持自身的温度，地热这种天然的加热系统，让温泉蛇能够在温泉水汇集成的溪流河水中，或附近温暖的岩石草丛里，享受自在的生活。温泉蛇是昼行性动物，夜间温度低，它们栖身在洞穴中过夜；白天出洞后，第一件事就是晒太阳。温泉附近的岩石堆中，是温泉蛇喜欢的栖身之所，岩石温度上升很快，它们可以借以取暖；温泉蛇身体的色彩也十分像岩石的颜色，藏身其中能够躲避捕食的猛禽。等它们体温回升后，就要开始捕食了：它们滑进温暖的水中耐心地等待，不时地探头寻找鱼的踪迹。鱼类和高山蛙是温泉蛇常见的食物，除了在溪流中捕鱼，它们还在沼泽草丛中寻找隐藏其中的高山蛙。

温泉蛇自1907年被命名之后，很长一段时间里被认为是该属的唯一一个物种。后来在四川理塘和云南香格里拉，相继发现了（西藏）温泉蛇的两个近亲：四川温泉蛇和香格里拉温泉蛇。三种蛇的共同祖先可能是在青藏高原尚未隆升到现在的高度时，就已经利用温泉存活的一批早期温泉蛇。后来青藏高原进一步快速隆升，横断山脉的高山深谷，将这些早期的温泉蛇隔离成了不同的群体，并逐渐演化成了三种温泉蛇。这三种温泉蛇，都是青藏高原的特有物种。目前人类对温泉蛇还知之甚少，上文提到的温泉蛇的一些习性，来自对羊八井附近栖息的温泉蛇的观察，这是目前对温泉蛇为数不多的观察研究之一。我们并不知道，生活在其他地区的温泉蛇是否也有着同样的习性。但我们可以确定的是，这些独一无二的物种，正在面临严峻的生存威胁。这些高度特化的蛇类，

上图：温泉蛇属于游蛇科，这是蛇类中最大的一个科，占据了蛇类所有物种的一半以上。游蛇科的蛇大多无毒，温泉蛇就是一种性情非常温和的无毒蛇。

依赖温泉这种特定的环境生存，这使得它们对栖息地的环境变化非常敏感。人类对地热资源的开发，使大量温泉蛇的栖息地遭到破坏，原本曾有温泉蛇分布的地方，有的已经不见温泉蛇的踪影。在著名的羊八井地热区，羊八井地热电站未建前，这里的温泉蛇随处可见，随着地热的开发，温泉蛇的数量大幅下降，如今这里已经看不到温泉蛇。温泉蛇这种原始的游蛇类动物，经历数百万年的演化，在地质史上的环境变迁中幸存下来，它们身上携带着珍贵的遗传密码和来自古老地质年代的信息。对于人类来说，我们对温泉蛇的一切都还不曾深入了解，它们就这样消失，未免是悲哀的。对于温泉蛇来说，只要人类在开发的同时划定一定面积的保护区域，为它们保留一些生存的空间，就能为这个物种的生存带来希望。

青藏高原的隆起过程，带来了环境的巨大改变，也造就了这里独特的物种。蛇类这种通常生活在温暖环境里的变温动物，遇到了青藏

高原的地热资源，从进化的角度看，这是一种运气：寒冷的气候摧毁了原本生活在这里的大多数蛇类，只有被温泉庇护的蛇类幸存了下来，并成功繁衍至今。经过地热加热的泉水、土壤和空气，使温泉蛇能把体温控制在维持生命所必需的高度。而青藏高原上的恒温动物，采取的则是另一种策略，它们往往会进化出厚实的毛皮，根据季节变化调整自己的活动，以应对这里寒冷的气候。

雪山之王

雪豹，因生活在雪线附近而得名，它们是世界上生存海拔最高的大型猫科动物。作为青藏高原上的顶级捕食者，处于食物链和生态系统顶端的雪豹，可以说是青藏高原上的"雪山之王"。为了在寒冷的环境中生存，雪豹有一身保暖"装备"：它们的毛厚实浓密，每平方厘米皮肤上的毛发多达4000根。被毛有两层，内层厚厚的绒毛保暖隔热；外层的被毛很长，冬季背部的毛有5厘米长，腹部则长达12厘米。这些让它们即使在-20℃的低温中，也能外出活动。

雪豹是独行的好猎手，敏捷机警，矫健灵活。它们身上黑白色的"迷彩"，能与环境融为一体。雪豹宽大的爪子伸缩自如，趾间和脚

右图：雪豹身上的斑纹，能让它们隐藏在环境中。每只雪豹身上的斑纹都不同，如同人的指纹，靠这些斑纹，可以确认雪豹的身份。

MAGIC PLATEAU 神奇高原

掌下还有浓密的长毛，即使在冰雪中活动，也不会滑倒。雪豹有一条长而粗的大尾巴，雪豹的体长1～1.3米，而尾巴的长度能够达到0.8～1米。依靠这条尾巴，它们能够在攀爬和奔跑中更好地保持平衡。它们的牙齿为食肉而生，锋利如剪刀，并没有用来磨碎食物的结构，但却非常适合撕咬。有蹄类动物是它们主要的食物，偶尔旱獭、野兔、鼠兔和鸟类也会成为它们的猎物。

食物是雪豹活动的重要动因，随着食草动物活动的轨迹，它们在夏季栖息在5000米左右的高度，到了冬季就沿着山坡下移。猎物的丰富程度决定了它们的领域范围，少则20～40平方千米，多则可达1000平方千米。为了捕猎，它们常常要移动到离巢穴很远的地方。它们喜欢在熟悉的路线上搜寻，沿着踩出的小径上下山，沿途留下自己的气味来标记领地。雪豹常常游走在陡峭崎岖的山地环境中，这也是它们主要的猎捕对象岩羊、北山羊和盘羊经常出没的地方。地形复杂的山岩环境，能为雪豹提供很好的隐蔽。雪豹是夜行动物，还可以以夜色作为掩护。尽管雪豹身居食物链顶层，几乎没有什么动物能够威胁到它们，但雪豹与很多猫科动物一样，是伏击性的捕食者，为了捕猎，它们也需要隐藏自己。

雪豹在岩洞、岩石缝隙或岩石下的灌木丛中安置自己的巢穴，这样的天然结构能为它们遮风挡雨，而且不易被发现。雪豹的巢虽然简陋，对于它们来说，却是个温暖的港湾。它们把每年换下的毛垫在身下，压成绝好的毛毯，既温暖又舒适。

雪豹平时各有自己的领地，互不侵犯，在繁殖季节，它们才会雌雄成对活动。早春是发情交配的季节，它们常常在夜晚发出高昂的叫声寻找伴侣。雌性雪豹经过三个月左右的孕期，将在4—6月生下2～3只幼崽。雪豹宝宝刚出生时，身上的被毛就有类似成年雪豹的花纹，但斑纹的轮廓还不清晰。出生十天之后，它们开始学着爬行。五十天左右的时候，它们就可以开始吃肉。之后不久，它们开始跟着"母亲"出巢活动，经过一两个月的锻炼，小雪豹们就可以参与到捕猎中了。一岁半到两岁的时候，它们将离开"母亲"，开始它们自己的"王者"生涯。

雪豹能够在海拔五千多米的高度活动，然而它们并不能长期存活于此。而当海拔上升到七千多米时，空气中的含氧量不足海平面的一半，除了挑战极限的登山者，脊椎动物已经销声匿迹，却仍有生命能奇迹般地在这里长期生存。

跳蛛

世界最高峰——珠穆朗玛峰，海拔8844.43米，这里是生命禁区，曾经有数百人为征服它而失去生命。有一种神奇的小动物却可以在接近顶峰的冰层地带生活，它就是跳蛛。它是我们这个行星上唯一一种可以在这么高的海拔长期生活的动物，它们惬意地独享着珠穆朗玛峰的"冰雪世界"，在这里寻找着被风席卷而来的小跳虫。当地人把这种精力旺盛的"小猎手"

上图：跳蛛。

叫作蝇虎。

跳蛛是无脊椎动物，所谓无脊椎动物，顾名思义，就是没有脊椎的动物。与无脊椎动物相对的是脊椎动物，大家熟悉的鱼类、两栖类、爬行类、鸟类、哺乳类都属于此类。脊椎动物往往更容易受到人们的关注，不过事实上脊椎动物在已经被认知的动物物种中，仅仅占了不足5%。而相比之下，无脊椎动物是个更加纷繁复杂的群体：小到单细胞的浮游生物，大到海洋中身长十多米的巨型乌贼；它们有的身体柔软（比如蛔虫、蚯蚓、水母），有的自带"房产"（比如蜗牛、鹦鹉螺），有的身披铠甲（比如螳螂、螃蟹、海胆），形形色色的无脊椎动物占据了动物中的绝大多数，在地球上扮演着重要的角色。这里所举的例子，代表了无脊椎动物中一些不同的类型，例如单细胞的原生动物，作为线形动物的蛔虫，作为环节动物的蚯蚓，作为腔肠动物的水母，作为棘皮动物的海胆，作为软体动物的乌贼、鹦鹉螺、蜗牛。而螳螂和螃蟹，则代表了无脊椎动物中的第一大家族——节肢动物。节肢动物对动物物种数量的贡献，大大超过了其他所有动物的总和，而这部分贡献，又主要来自节肢动物中的一个庞大群体——昆虫。已知的昆虫种类超过百万，而尚未被认识的种类可能远远超过这个数量，要知道已知的动物物种只有大约150万而已。除了昆虫，节肢动物还包括其他成员，例如以螃蟹为代表的甲壳类，以蜈蚣为代表的多足类，以蝎子、蜘蛛为代表的螯肢类。这里回答了一个常见的问题，蜘蛛是不是昆虫？答案是否定的。

蜘蛛目的四万多种动物被统称为蜘蛛，而跳蛛科以接近六千种的数量稳居其中第一大科的位置。蜘蛛通常有8只单眼，成对排列，跳蛛就是如此。跳蛛的4对眼睛闪烁着独特的光泽，前排中间的一对前中眼特别大，让人很容易认出它们。跳蛛的视力在无脊椎动物中出类拔萃，4对眼睛配合，能够获得360度的视角。前中眼的构造能够起到放大图像的作用，就像高倍望远镜一样，能侦查到潜在的危险。这对眼睛的视网膜中有几种不同的光感受细胞，能够接收不同波长的光，这使得跳蛛具有感知色彩的能力。在人类的视觉系统中，我们的两只眼睛之间有一定的距离，看到的图像略有不同，大脑通过对这两幅图像进行对比和计算，从而感知所见物体的距离。而跳蛛的眼睛之间相距太近，无法通过这种方式感知距离，它们则使用了另一种方式。跳蛛前中眼的视网膜中有多个感光层，靠近眼睛深处的两层中，含有对绿光敏感的感光色素，绿光能在其中一层上聚焦，而在另一层上散焦成模糊的图像，跳蛛就通过

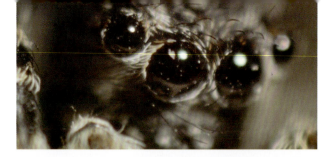

上图：蜘蛛的身体由头胸部和腹部组成，头部有两对附肢——螯肢和触肢，胸部长着四对步足，这也是蜘蛛与昆虫重要的区别之一，昆虫有三对足，因此在节肢动物家族中又被称作"六足亚门"（左上）。跳蛛有四对单眼，呈前、后两排对称排列。前排中间的一对最大，叫作前中眼，前排两侧的一对叫作前侧眼；后排的两对分别叫作后中眼和后侧眼。闪着珍珠般光泽的大眼睛是跳蛛的标志性特征，非常容易识别（左上、右上）。跳蛛螯肢前端有螯牙和毒液腺开口，可以刺入猎物身体中并释放毒液（左下图中的跳蛛正在享用猎物）。触肢是蜘蛛的"探测器"，同时也在交配中发挥重要作用。跳蛛前侧的腿看起来比后侧的腿更长，但跳跃主要靠后腿。前腿上的附属物可能是蜘蛛的感觉器官（右下），前腿还用来与触肢配合，控制住猎物（左下）。

分析这些散焦的情况，获得对距离的感知。

看跳蛛的名字就知道，它们是一群擅长跳跃的蜘蛛，能弹跳到高于自身30倍的高度，因此，它们在怪石嶙峋的冰原上如履平地。跳蛛依靠高超的跳跃技能捕食猎物，遇到危险时也靠这项技能逃跑。跳蛛靠后腿跳跃，它们的腿看起来并不像蚱蜢那样有发达的肌肉，它们运动靠的不是肌肉牵拉，而是靠完善的液压传动系统，它们通过调节体内液体的压力，来伸展肢体。跳蛛不结网，它们捕食的策略不是守"网"待兔，而是积极出击。跳蛛在白天捕猎，凭借良好的视力发现猎物，静等猎物进入自己跳跃伏击的范围，然后一跃而起。尽管不结网，跳蛛也"吐丝"，在它们跳跃之前，会先"吐"一根蛛丝，一端粘在附着物上，另一端连在自己身上，作为防备跳跃捕猎失败的"保险绳"使用。有时，它们也会利用这根蛛丝荡越，或者"垂降"。猎物到手后，跳蛛不是用蛛丝把猎物绑起来，而是向猎物体内注入毒液，放倒猎物，然后慢慢享用。

珠穆朗玛，在藏语中是万物之母的意思，不管这里的山峦有多么荒瘠，藏族群众依然对这片土地满怀深情。从喜马拉雅山脉向北，越过冈底斯山—念青唐古拉山，来到一片相对开阔的地带。这里丘陵低缓，地势平和，湖泊密布，草原广袤，这就是藏北高原，藏语中被称作"羌塘"，意思是北方高原。但这里的生存环境并没有因为平坦的地势而变得优良一些，高原肆虐的疾风，能瞬间使酷暑变成严寒。尽管环境严酷，这里却是一个野生动物的天堂。

藏羚羊

羌塘高原是中国最人迹罕至的荒野之一，这里有中国面积最大的自然保护区——羌塘自然保护区。在这里，针茅细软的身躯随风摇摆，垫状植物紧贴地面匍匐生长；"一岁一枯荣"的草本植物，以低矮的身躯养活了高原上的食草动物。娇小可爱的鼠兔，肥嘟嘟的旱獭，在草地上勤劳地维护着自己的洞穴；藏羚羊、藏原羚、藏野驴、野牦牛这些素食的"大个子"，撒开四蹄展示着高原上的速度；水鸟们在湖泊中翩翩起舞，草原上的鸟儿搜寻着草籽和昆虫为食。"食肉俱乐部"的藏狐、狼、雪豹、棕熊和猛禽们，寻觅着食草动物来填饱肚子。以上所有这些动植物，组成了一个完整的食物链。羌塘拥有保存完整的高山草地生态系统，尤其是这里独特而数量庞大的有蹄类，群体之壮大令人叹为观止，丝毫不逊色于闻名于世的非洲塞伦盖蒂大草原。

冬季的羌塘高原，干旱而寒冷，时常狂风肆虐，有时温度能下降到极端的-40℃以下，大约5000米的平均海拔，让这里的气压只剩海平面的一半左右。大多数人在这里恐怕都会呼

上图：羌塘高原丘陵低缓，地势平和，草原广袤。它位于昆仑山—可可西里山以南，冈底斯山—念青唐古拉山以北，近60平方千米的广阔地域，占据了青藏高原四分之一的面积。羌塘高原有着严酷的自然环境，高原肆虐的疾风，能瞬间使酷暑变成严寒。

后页：垫状植物是高寒地区的标志性景观，青藏高原拥有世界上四分之三的垫状植物物种。这些植物像一块垫子一样匍匐生长，独特的性状是它们对高原环境的适应，让它们不畏"第三极"的严酷环境，顽强生长。低矮的身躯抱成一团紧贴地面，可以抵御高原上的狂风；垫子密不透风，可以锁住水分，并保持内部的温度，得以战胜外界的寒冷干旱和巨大的昼夜温差。有些"垫子"还能为其他植物提供庇护，偶然间进入"垫子"中的种子能在其中茁壮成长。垫状植物能在别的植物无法生存的环境中求生，它们就像一群开疆拓土的勇士，作为开路先锋改变着高原上植物的格局。图为生长在的阿尔卑斯山高山地带的一种垫状生长的点地梅。

吸困难，但藏羚羊却从来没有缺氧的困扰。秋冬季节，藏羚羊来到羌塘的越冬地，并在越冬期间完成交配，这里是一只藏羚羊生命开始的地方。

藏羚羊拥有浅褐的毛色，几乎与它们生活的高山草原融为一体。它们细密厚实的毛有优

上图：火焰般的红景天在碎石中伸展着顽强的生命力，肉质的茎叶是景天科植物共同的特征，这些器官能够贮存水分，帮助它们在干旱的环境中生存。

越的性能，帮助它们在高温时隔热，在寒冷和冰雪天气里防寒、挡风、隔水。藏羚羊体态健壮，机警而敏捷。雄性拥有比雌性更高大的身躯，雌性藏羚羊的肩高有七十多厘米，体重接近三十千克；雄性肩高八十多厘米，体重达四十千克。最显著的区别是，雄性头上的一对长角，这对角乌黑光滑，顶端微微向前弯曲，自基部向上分布着一条条横棱。这对匀称的长角为它们贡献了 60～70 厘米的身高，这是它们的武器。成群的雄性藏羚羊站在一起时，林立的锐角犹如森森剑阵。藏羚羊宽阔的鼻腔和鼻腔两侧鼓胀的半球形结构，能够帮助它们预热吸入的空气，以及更好地在稀薄的空气中呼吸。它们的鼻孔几乎垂直向下，避免了高原的疾风直接吹入鼻腔。藏羚羊的血红细胞是人类的两倍，即便在这样极端的海拔上高速奔跑，它们的肌肉也会拥有充足的氧分。雌性藏羚羊的面部看起来十分乖巧，但不久您就会发现，它们可是一群英勇无畏的"女汉子"。作为北京奥运会吉祥物之一，藏羚羊是名副其实的运动健将，奔跑速度可以达到 80km/h。它们拥有发达的肌肉和肌腱，蹄子的结构能够提供很好的缓冲，非常适合奔跑和跳跃。

11月到次年1月是藏羚羊交配的季节，大多数藏羚羊的交配会在12月发生。雄性藏羚羊通常都是单独活动，或者结成只有雄性的小群体。而在交配季节，成群的藏羚羊会集结在一起，这是藏羚羊一年中唯一一段雌雄混群共居的时光。羌塘草原上靠近水源的河谷湖滨，分布着藏羚羊大大小小的交配场，从数十只到数千只不等的藏羚羊群体，都在这些场地中完

下图：雄性藏羚羊。

MAGIC PLATEAU　神奇高原

上图：长相乖巧的雌性藏羚羊。

成交配。当雄性藏羚羊集结到交配场时，此时交配季节尚未到来，但为交配而进行的斗争就已经开始了，它们要通过打斗争夺交配的领地。在藏羚羊的世界里，生存规则是以成败论英雄。打斗的胜负，决定了一只雄性藏羚羊的在群体中的次序，进而决定了它能否在交配场中拥有自己的交配领地，和挑选自己的配偶，落败的雄藏羚羊只能在交配场外游荡。恶劣的气候和环境，挡不住精力旺盛的雄性藏羚羊的追逐和打斗。对面而立的两只雄藏羚羊四目相对，剑拔弩张。雄性藏羚羊的犄角十分锋利，因而不到万不得已，它们决不会冒险进攻。但如果双方都不肯退让的话，冲突则难以避免。打斗有时候非常惨烈，会有藏羚羊在打斗中受伤甚至断送性命。高原上残酷的自然环境和虎视眈眈的天敌，往往让在打斗中受伤的藏羚羊难逃厄运，它们很容易成为在荒野上逡巡的捕食者或食腐动物的"盘中餐"。

胜利者们将拥有自己的"后宫"，组建起自己的"临时家庭"，一只雄性藏羚羊常常拥有几只到十几只不等的雌性配偶。即便如此，这些雄性也不能"高枕无忧"，因为常常会有别的雄性藏羚羊来横刀夺爱，它们要不时迎战来争夺配偶的其他雄性藏羚羊。雄性藏羚羊会不断地奔跑，把雌性藏羚羊驱赶成一团，以使它们在自己的控制之下。在雄性激烈打斗的时候，雌性藏羚羊们带着自己前一年出生的"孩子"，在草地上觅食活动。它们不会介入打斗，只是在一旁观战，然后接受胜利者的求偶。

发情的雄性藏羚羊会一改往日的毛色，全身变成灰白色，面部和前肢前侧被大块黑色覆盖，色彩对比非常明显。年轻的雄性藏羚羊在大约两岁半的时候，开始拥有发情期的黑白毛色，并随着年龄的增长，黑色逐渐加深。在高水平雄性激素的驱使下，雄性藏羚羊昂首阔步，仿佛身披白袍、头戴黑色面具的武士。发情期会持续二十天左右，在此期间，雄性藏羚羊会与自己临时家庭中的每个成年雌性藏羚羊进行数次交配，新的生命就此孕育。

下图（上）：对面而立的两只雄藏羚羊四目相对，剑拔弩张。

下图（下）：雄性藏羚羊之间为争夺交配权发生激烈的打斗。

上图：雌性藏羚羊不会介入雄性的打斗，当雄性藏羚羊打得不可开交时，雌性藏羚羊们往往只是袖手旁观。

右图、后页：藏羚羊。

藏羚羊在晚上休息，交配、觅食、警戒等活动在白天进行，但中午是午休时间。休息中的藏羚羊卧在低洼处，加上与环境非常相似的毛色，它们很难被天敌发现。草原上的植被稀少，且枯草期长达7个月，但藏羚羊懂得如何最大限度地利用植物资源。它们能识别和利用的植物有上百种，分布广、数量多的禾本科和莎草科植物是它们主要的食物来源，其他的草本和灌木嫩叶也在食谱之列。在食物匮乏的环境中，藏羚羊能充分获取有限的食物中的营养，它们有很强的消化能力，即使是取食枯草，消化率也显著高于家养反刍动物。

交配完成后，临时家庭即宣告解散。雄性藏羚羊也不再占据领地，它们恢复到单独活动或者结成雄性群体的状态；雌性藏羚羊则分散成更小的群体活动。除了交配期间，藏羚羊总是这样雌雄有别。它们会继续在越冬地生活，直到第二年的春天。雌性藏羚羊孕期两百天左

神奇高原　MAGIC PLATEAU

MAGIC PLATEAU 神奇高原

右,在分娩前的一个月,它们结成大群聚集在一起。前一年出生的幼年藏羚羊要在这时雌雄分群,雄性亚成体进入成年雄性的群体,它们可能会在越冬地附近活动,或者进行短距离的迁徙。雌性亚成体则将跟随"母亲",或者加入其他的雌性群体。一场与非洲的角马、北极的驯鹿齐名的有蹄类大迁徙活动,即将开始。

雌性藏羚羊离开越冬地,长途跋涉,前往海拔更高的地区,它们将在那里产下幼崽。亚成体的雌性藏羚羊并不为了产崽而迁徙,它们将在途中熟悉前往产崽地的路,得到必要的迁徙训练,积累迁徙的经验。生活在不同越冬地的藏羚羊群体,沿着各自的路线向几个主要的产崽地进发。羌塘草原北部的几个种群将向北迁徙300～600千米,去往昆仑山脉西部的南侧和色吾雪山、甜水河一带。新疆阿尔金山的部分种群则会向南迁徙,到兔子湖等地产崽。青海的藏羚羊种群,会向西北方向的卓乃湖、太阳湖、可可西里湖、乌兰乌拉湖等地迁移。可可西里地区的卓乃湖,是人们了解的比较多的一个主要的藏羚羊产崽地,这里吸引了自东而来的可可西里、三江源种群,自西而来的羌塘种群的一部分群体和自北而来的阿尔金山种群的一部分群体来产崽。

藏羚羊迁徙的路线相对固定,它们通常会选择有水源且食物充足的地方,穿过较低矮的山口。它们行色匆匆,以免耽搁行程无法在分娩前到达"产房"。迁徙的队伍,常常能集结数千只藏羚羊。羊群由经历过多次迁徙、经验丰富的头羊带领,队伍中还有专门的成员负责警戒。头羊会根据第一次跟随队伍迁徙的亚成体雌性的情况来决定行进速度。怀孕的母羚身体日益沉重,高原气候变化莫测,风雪、天敌、伤病都可能出现在迁徙途中,很多体弱的藏羚羊倒在中途,总有一部分藏羚羊无法抵达最终的目的地。

差不多在迁徙的同时,藏羚羊开始换毛,旧毛逐渐脱落,到9月初换毛基本完成。藏羚羊夏季的毛色更深,冬季较浅,以便更好地融入周围的环境。当待产的雌性藏羚羊终于来到产崽地时,它们已经筋疲力尽。那些主要的产崽地,聚集着数万只雌性藏羚羊,产崽的高峰出现在6—7月。临产的母羚四处张望,焦躁不安,分娩时它们悄悄离开群体,寻找隐蔽的洼地。分娩过程中的藏羚羊母子十分脆弱,20～30只母羚常常在非常短的时间内集中产崽,这种方式有利于减少它们暴露给天敌的时间。经过近七个月的孕育,新的生命终于降生了。呱呱坠地的小藏羚羊全身的毛湿漉漉的,还带着残存的胎衣。顺利生产的藏羚羊"母亲"卧在小藏羚羊身边舔舐幼崽,为它们清理身上

下图:产崽地的雌性藏羚羊。

的胎衣和黏液，添干全身毛发。幼羚的毛色与它们的"母亲"一样，极似地面的颜色，所以出生的洼地是幼羚们很好的藏身处。初生的小藏羚羊与藏羚羊"母亲"互相熟悉彼此的气味，在未来的一段时间里，它们靠着气味彼此识别并紧紧联系在一起。

出生后十分钟左右，在藏羚羊"母亲"用

下图：刚出生的小藏羚羊。

鼻子轻推的帮助下，小藏羚羊已经可以站立。一小时之后，幼羚已经开始可以练习走路，虽然开始步履蹒跚，但它们进步神速，两天之后，就能快速奔跑。初生的第一周，小藏羚羊完全靠藏羚羊"母亲"的奶水为生。之后，牙齿渐渐长成，它们就可以吃草了，藏羚羊"母亲"奶水的供应就会渐渐减少。到满月时，追着藏羚羊妈妈要奶吃的小藏羚羊就会被母羚拒绝。小藏羚羊可以行走时，就在藏羚羊"母亲"的带领下进入群体中，小藏羚羊仍然与藏羚羊"母亲"形影不离，常在其身下钻来钻去。

藏羚羊每年只产一胎，每胎通常只诞下一只小藏羚羊，所以藏羚羊"母亲"们对自己的小羚羊格外关照。虽然湖滨的草原寂静荒凉，无人打扰，但也并非总是风平浪静，"产房"里偶尔也会有棕熊、狼、赤狐和大型猛禽等天敌出没。刚出生的小藏羚羊最容易受到天敌的攻击，它们身上散发着胎盘的气味，这气味引诱着捕食者。当捕食者靠近时，母羚们会拼命保护自己的幼崽，它们将幼崽藏在隐蔽的地方，自己奔跑出去以转移捕食者的注意力。慌乱中失散的藏羚羊母子，会靠气味找到彼此。被天敌捕食丧生的情况并不多见，但偶尔还是会有藏羚羊失去亲人。如果小藏羚羊失去了藏羚羊"母亲"，野生状态下它将很难存活。

产崽之后的雌性藏羚羊，将带着小羚羊们在产崽地生活一段时间。夏末，它们又将踏上旅程，返回越冬地。由于带着当年出生的小藏羚羊，它们返回时的行进速度比来程更慢些。加入了新的成员，迁徙的队伍更壮大了，有时候会出现上万只雌幼混合的藏羚羊群迁徙的盛况。庞大群体密布在旷远的草原上，仿佛大地都在移动。幼羚们跟着藏羚羊"母亲"跋山涉水，学习应对各种各样的地形环境，也第一次认识迁徙的路。对它们来说，是至关重要的人生教育，也是一次严峻的考验，路途的艰辛和危险让大约一半的小藏羚羊在中途夭折。

藏羚羊究竟为什么要冒着生命危险长途迁徙？为什么选择看起来气候更加恶劣的地方集中产崽？这至今还是个谜。学者们根据观察和研究的情况做出了一些猜测，或许是产崽地的土壤或湖水中含有某种特殊的物质，有利于藏羚羊母子的存活；或许是藏羚羊为了躲避天敌、寄生虫，或者牧民和家畜的干扰；或许是藏羚羊在进化过程中遇到的事件促使它们形成了这样的习性；也或许是迁徙是出于保证种群质量的需要，漫长艰难的迁徙路程淘汰掉了体弱多病的母羚和幼羚，剩下的群体将拥有更优秀的基因，以应对青藏高原上恶劣的生存条件。从目前的研究看，藏羚羊并不都进行长途迁徙，羌塘南部的日喀则地区，居住着一个不迁徙的种群，它们的求偶交配、繁殖产崽都在那里进行。可能是受到气候、水源食物等因素的影响，藏羚羊的迁徙时间也在变化。大约从 2006 年开始，藏羚羊迁徙的时间在逐年提前，有人猜测这可能与全球气候变化有关。可以肯定的是，这种迁徙的习性，是藏羚羊在长期的进化中，形成的一种对种群有利的适应性选择。

走过漫漫归途，当藏羚羊们再次回到越冬地时，雄性藏羚之间的战斗即将开始，又一年的集体交配要开始了。一年又一年的交配繁殖、长途跋涉，是藏羚羊生命的律动，每个周期都有新的生命诞生，这些新鲜的血液壮大着藏羚羊的种群，也延续着这个物种。

野牦牛

这些通体乌黑的庞然大物，是青藏高原上体型最大的动物了。它们身材魁梧而健壮，四肢短粗，长而蓬松的被毛几乎垂到地上，犹如一件黑色的斗篷，头上一副角显得威风凛凛，它们就是野牦牛。藏语中牦牛被称作"雅克"，这也是英文中牦牛"yak"一词的来源。

论体型，野牦牛是青藏高原上的"巨无霸"。雌性野牦牛肩高达到 1.5 米，体重三百多千克。雄性野牦牛更加高大，肩高可达 2 米，体重超过八百千克，有些大个子甚至超过一吨。野牦牛的角从基部向两侧延伸然后向上并向内弯曲，长而尖锐，犹如两把弯刀。雌性野牦牛的角七十厘米左右，较短而细。雄性则长而粗壮，可以长到 80～90 厘米。牛角是它们的武器，对于雄性来说，更是争夺配偶的利器。它们的后颈有一块明显的凸起，浓密的裙毛从身侧垂下，从颈部两侧一直延伸到尾部，像是披了一件蓑衣。但当它们奔跑时，长长的被毛随之摆动，显得威武雄浑。野牦牛全身的毛黑中透着棕褐色，只在嘴部有灰色。不过有大约 1.6% 的野牦牛通体黄褐色，被称作"金丝野牦牛"。这个群体生活在羌塘阿里地区的阿鲁盆地，它们与黑色的野牦牛混居。不过关于这些金色牦牛在分类上究竟能不能构成野牦牛的一个亚种，目前还没有定论。

野牦牛力大无穷，强壮好斗，它们甚至可以撞翻一辆越野车。除了尖刀般的角，舌上的肉刺也是它们的武器，别的动物若被舔一下，一层皮就被揭掉了。野牦牛虽然性情凶悍，但并不暴戾。成群的野牦牛很少主动攻击别的动物或人类，遇到危险的牦牛群通常会主动躲避敌害，在受到伤害时才会发起反击。尽管如此，野牦牛对于人类来说仍然是致命的野生动物，如果在野外遇到野牦牛，千万不要贸然靠近，尤其是落单的野牦牛，它们通常具有更强的攻击性。野牦牛在高原上的主要天敌是狼群，牦牛群中的"老弱病残"最容易遭到狼群的围攻。

后页：野牦牛体型庞大，四肢短粗，魁梧健壮。

MAGIC PLATEAU 神奇高原

神奇高原　MAGIC PLATEAU

在青藏高原抬升的过程中，野牦牛的祖先对这里逐渐升高的海拔和变得干冷的气候，产生了适应性的进化。现代的野牦牛已经拥有非常适应高原环境的生理构造。野牦牛的四肢短粗，这可以用阿伦定律来解释，即恒温动物身体上的突出部分，比如如四肢、外耳、尾巴等，在气候寒冷的地方有变短的趋向。这减少了它们身体的表面积，有利于减少热量散失。厚实的皮毛，加上有利于吸收紫外线的毛色，以及皮肤上较少的汗腺，都是它们减少散热、保持体温的绝佳"装备"。野牦牛体温过高时，可能是通过站在冷水中来帮助冷却体温的。它们在海拔3000米以下的地区，反而不能自在地生活。野牦牛能在稀薄的空气中行动自如的秘诀在于：它们胸腔宽阔，肺活量强大；气管短粗，能进行快速的呼吸。它们血液中单个红细胞的大小是家牛的一半，这样单位体积血液中就可以容纳更多的红细胞。野牦牛单位体积血液中的红细胞数量大约是家牛的3倍，使它们有更强的携氧能力。

野牦牛生活在从海拔3200米一直到海拔5300～5400米的高度，这是植物能够生长的极限。年降水量350～400毫米的地带，生长密布着草本植物的高山草甸，草可以长到齐小腿深，能为野牦牛提供最佳的食物。年降水量100～350毫米的干旱草原区域，草本植物比较矮小，只有三成的地面被草覆盖，这些区域也有牦牛栖息。而年降水量100毫米以下，几

右图：野牦牛的奔跑速度能达到40km/h以上，这些庞然大物成群奔跑时，令人感到大地都在震动。

MAGIC PLATEAU 神奇高原

神奇高原 | 47

乎没有植被覆盖的荒漠草原，就极少见到牦牛了。嵩草、针茅、薹草和垫状驼绒藜都是野牦牛常吃的食物，它们既可以用舌头卷食较高的草本植物，也可以啃食低矮的垫状植物。野牦牛没有固定的栖息地，它们通常追逐水草过着游荡的生活，随着食物的季节变化不断迁徙。那些有冰川和淡水、分布着高山草甸或干旱草甸的山坡，是它们常出没的地方。那些融水形成的小溪和浅河谷附近，植物种类更多，而且含有更多的水分。它们还可以随着季节的变化在山坡上移动：夏季来到高海拔地区，有时多达200头的牦牛群会一起长途跋涉，前往海拔较高的冻原寻找食物；气温降低时逐渐退向低海拔。别看野牦牛力大身沉，跨越山水对于它们来说并不是难事，它们可以非常轻巧地翻越崎岖的山地。

雄性野牦牛常常独居，或者结成小群；雌性野牦牛则结成更大的群体生活。开阔的草原上，独自或小群游荡的雄性野牦牛更常见。雌性野牦牛群体通常更喜欢靠近山坡活动，除了那里有营养更高的食物，还可能是出于躲避敌害的需要。每年秋季，是野牦牛交配的季节。雄性野牦牛之间会爆发争夺配偶的战斗，规则依然是胜者得到交配权。雄性野牦牛在3岁时性成熟，4-6岁进入壮年。年轻力壮又积累了一定经验的壮年雄性野牦牛，往往能在争夺中占得上风。老年的雄性野牦牛则渐渐被淘汰，它们往往离群索居，或者几头老年野牦牛一起组成小群体相依为命。顺利的话，雌性野牦牛会在第二年的夏天产下幼崽。正在分娩的野牦牛往往会被群体围在中间，防止"准妈妈"受到狼的攻击。幼崽出生大约半月，就可以跟随群体活动了，母乳喂养会持续大约一年时间，直到第二年的夏天。因此至少每隔一年，雌性野牦牛才会生下一胎幼崽。

野牦牛曾经是青藏高原上常见的动物，但它们的栖息地在过去百年缩减了一半以上。19世纪末，西方人来到青海扎陵湖和鄂陵湖这一对"黄河源头姊妹湖"地区时，看到了这里成群的野牦牛，"在一座绿色的小山上，我们能够看到数百头的野牦牛在吃草，我相信见到的野牦牛比小山还多"。在此之后，当地人对野牦牛最后的目击停留在了1983年。19世纪末，"羌塘的每个地方都可以看到野牦牛，有些野牦牛每天都会出现在眼前，有时一天内可以发现100头之多"。近百年来，野牦牛的分布范围缩小了一半以上。野牦牛最好的草场，羌塘大部分开阔的高山草甸和干旱草原，都已经被牧民和家畜占据。羌塘南部三分之一的地域，已经几乎没有野牦牛生存。而在羌塘北部，野牦牛面对的，是成千上万的牧民和数以百万计的家畜。百年来，野牦牛作为荒凉的高原上极好的食物来源，也成为过度捕猎的受害者。藏族群众不会杀害野牦牛，但外来的探险者、勘探者、采金者，都将枪口瞄准了野牦牛。如今，野牦牛的数量不足15000头，远少于藏羚羊。由于牧区扩展侵入了野牦牛原本的栖息地，野牦牛跟牧民之间的矛盾也使问题变得棘手。发情的野牦牛有时会冲破牧区的围栏，顶死牧民蓄养的公牦牛，或将母牦牛拐走，诱至野牛群

后页：成群活动的野牦牛。

MAGIC PLATEAU　神奇高原

中。家养牦牛携带的传染病可能在野牛群中传播，与家养牦牛之间的杂交，也在影响野牦牛的基因库。

与其他有蹄类相比，野牦牛需要更大的栖息空间，它们属于旷远的荒野，而非囿于一隅。狭小的生存空间会带来诸多问题，如食物短缺、近亲繁殖，并最终导致种群退化。人类扩张的脚步，能否被限制在那些尚未有人进入的区域之外；在那些野牦牛与人类共处的区域，能否通过控制家畜数量和季节性禁牧，留给野牦牛一些生存的机会，这些也许就决定着这个物种的未来。

高原之舟

不知从什么时候，人类驯化了牦牛。虽然家养牦牛与野牦牛仍然存在大量杂交，但外形上还是有很大区别。家养牦牛的体型只有野牦牛的一半左右，看起来更温顺。家养牦牛的毛色也与野牦牛不同，除了纯黑，还有白色、灰色和棕色等，或者身上不同颜色掺杂的斑块。家养牦牛的生活范围比野牦牛广泛得多，除中国外，阿富汗、蒙古国、俄罗斯、印度、尼泊尔等国都有畜养。

青藏高原上传统的农牧生活中，牦牛是藏族群众生活中必不可少的一部分。在牧区的传统游牧生活中，牧民们在不同的牧场间转移，驮运帐篷、生活用品和食物，几乎全靠牦牛。身负上百千克物品的牦牛，能在高原山地上从容地长途跋涉。在没有机器运输以前，这种能

上图（上）：家养牦牛的体型只有野牦牛的一半左右，看起来更温顺。

上图（下）：家养牦牛的体色比野牦牛更多变，常见的有黑色、白色、棕色等。

负重、耐力好的动物，是西藏最便捷可靠的运输工具，因此被称为"高原之舟"。在高原农区，耕地、运送肥料和青稞，牦牛也最在行。除了充当劳力，牦牛还一身都是宝：牦牛肉味鲜美，牦牛肉干是游牧生活中营养又便携的食物；牦牛奶被制成酸奶、干酪、酥油；晒干的牦牛粪可以作燃料；晒干的牦牛舌可以做成梳子；牦

牛尾是做掸子的绝好材料；牦牛毛被编制成结实的绳索、防寒防潮的帐篷、防风防雨的风衣，与羊毛混纺，做成上好的毡毯；牦牛皮做成的鞋靴，柔软坚韧；牦牛皮做成的牛皮船、牛皮口袋，坚固耐用。

牦牛这种力大无穷、坚韧不拔的动物，从生到死、从头到脚都在为人类做着贡献。或许正因如此，牦牛在藏族群众心目中也拥有了神圣的地位，与人们的信仰紧紧联系在一起。藏族的创世神话中，牦牛的头、眼、肠、毛、蹄、心变成了日月星辰、江河湖泊、森林山川。牦牛被奉为"神牛"，寄托着牦牛的灵魂、标志着神灵尊严和威力的牛头，成为广为供奉的神物。上刻六字真言的牦牛头骨，在藏族聚居区的寺庙、民居、山口、桥边、玛尼堆，随处可见。人们用牦牛皮来装饰神圣的经幡柱，用从牦牛身上提炼的酥油供奉神灵，在宗教祭祀中带上牦牛面具，节日庆典中跳起牦牛舞、举办牦牛赛……牦牛已经成了青藏高原的一种文化符号，高原传统生活方式的标志，无论是世俗生活还是宗教活动，牦牛在藏族聚居区都有着不可替代的地位。

藏马鸡

飞速发展中的西藏，今天依然保留着藏族浓郁的文化传统。僧侣是这个地区很重要的一个社会群体，他们中的大部分都过着坦然而自给自足的日子。寺庙中蕴涵的精神力量，是藏文化生长的土壤。佛教讲六道轮回，讲因果报应，学佛者的目的就是超脱轮回，免受痛苦和折磨，达到心灵的自由。心灵自由的状态被称作觉悟。觉悟的引导者，或者精神的导师，被称作活佛。为了达到大彻大悟的境界，人们相信要今世修行，造福万物。这种信念不仅对人自身有影响，对环境和生物，也起到了相当重要的作用。

千百年来，在这片边远的土地上，这个信念使得藏族人民格外重视野生动物的保护。西

上图：女僧侣正在练习吹奏法号，这种乐器用于宗教仪式，它所发出的声音庄严，摄人心魄。

后页：宗教在西藏有深远的影响，僧侣在这里是一个很重要的社会群体。

藏的寺庙附近都有神山圣湖，在这里是禁止捕猎和杀生的。虽然气候条件恶劣，资源匮乏，但人们依然很乐于和动物分享食物。在藏族聚居区，人与动物和谐共处，已经习以为常了。保护野生动物，也已经不只是一种宗教信仰，更是一种早已约定俗成的地域文化。在这种文化背景下，一些动物慢慢变得与人亲近，比如藏马鸡，在藏族聚居区的很多寺庙，人与藏马鸡友好相处的画面很常见，喂养这些雪域珍禽

已经成为一些修行者生活中的一部分。

马鸡是中国特有的鸟类，在马鸡家族中，藏马鸡还有三个近亲，即生活在华北地区的褐马鸡，生活在青海东部、四川北部、甘肃南部和宁夏的蓝马鸡和生活在青藏高原东部青海、四川、西藏、云南交界地带的白马鸡。看名字就知道，它们的颜色有明显的差别，但作为亲戚，它们的外表还是有很多相似的地方。在马鸡属所在的雉科，很多拥有华丽外表的鸟，雌雄个体外貌都有很大的差别，比如红腹角雉。但马鸡不同，雌雄马鸡的外貌基本相似。马鸡们是雉鸡中的"大块头"，藏马鸡和白马鸡体长八十多厘米，褐马鸡和蓝马鸡更大些，体长90～100厘米。它们都拥有一条蓬松的大尾巴，羽干上垂下一条条长而弯曲的丝状尾羽，如凤尾般华美，在蓝马鸡和褐马鸡中尤甚。藏马鸡两翼和尾近灰色，泛着紫铜色的金属光泽，其他亲戚们的体色可参见各自的名字。马鸡们头顶都有黑色的顶盖，就像一顶天鹅绒小帽。金色的眼睛周围，有一块桃核形的红色裸露皮肤，雄性马鸡在发情时，这块皮肤会变成艳丽的鲜红色。马鸡嘴后方的髭须向后延长，形成耳羽簇，在藏马鸡和蓝马鸡中，这簇羽毛更长，伸出头顶，英气逼人。与很多雉鸡类雄鸟一样，雄性马鸡的腿后侧有一个硬突刺，这是雄马鸡间争偶打斗的武器。

在三个亲戚中，白马鸡跟藏马鸡的关系最近，形态和行为上有很多相似之处。分类上，藏马鸡曾经被作为白马鸡的一个亚种，这种分类方式在20世纪七八十年代流行一时。20世纪90年代以后，多数研究者倾向于依据独特

上图（上）：藏马鸡的头部 白色的羽耳簇非常明显。

上图（下）：在寺庙中取食的藏马鸡。

的体色将藏马鸡列为一个单独的种，一些分子层面的证据也支持了这种分类方式。事实上，在藏马鸡与白马鸡分布区的交汇地带，藏马鸡与白马鸡普遍存在杂交的情况。一些研究者猜测，马鸡可能是从川、滇、藏交界的地带起源，白马鸡是马鸡中比较原始的一类。青藏高原的隆起，以及第四纪的多次冰期与间冰期交替引起的气候冷暖变化，对马鸡的扩散和分化产生了重要的影响。褐马鸡和蓝马鸡的祖先向北迁

移，随着气候和地质环境的变化，最终在生理特征和分布地域上与其他种分隔。而藏马鸡，可能是由于竞争排挤，它们的祖先向西迁移，更新世初期青藏高原内部保存完好的森林植被，为这种迁移提供了必要的条件。随着喜马拉雅山不断隆升，来自印度洋的夏季风被阻挡，青藏高原内部变得干冷，藏马鸡逐渐适应了这种环境，进而产生了分化。但是由于这种分化产生的时间不长，地理上也还有同域分布，藏马鸡和白马鸡之间仍然存在着自然杂交。

藏马鸡的自然分布区在西藏东部雅鲁藏布江河谷的山林灌丛中，海拔 3000 米以上，一直到雪线附近。高山草甸是藏马鸡分布的位置上限，但这种环境只能偶尔栖居，体型庞大又没有保护色的藏马鸡还是需要茂密灌丛的掩护来躲避敌害和遮挡阳光。在不繁殖的季节，藏马鸡结群而居。马鸡拥有雉鸡类中不多见的庞大群体。秋冬季节，能见到几十甚至上百个体组成的大群游荡在山林间。白天，它们在年富力强的雄性头鸡的带领下四处觅食，夜晚在树上休息。有人喂养的藏马鸡并不需要自己找吃的，它们每天用在取食上的时间很少，活动区域也非常小。野生环境里的马鸡就没有这么走运了，一天中的大部分时间都在觅食，食物条件越差，它们需要搜寻的范围就越大。成年马鸡吃素，食物随着季节而变，春天取食大量鲜嫩枝叶，秋天果实和种子类的食物增多，冬天则更多地掘食植物的地下根茎。在对白马鸡的观察中发现，一早一晚是它们活动的高峰时段，中午是休息时间，马鸡群常在树荫下乘凉。休

前页：白马鸡。

息时群体中有专门的成员站在高处负责瞭望观察，一有险情就高声鸣叫，马鸡们顿时四散奔逃。傍晚的活动之后，马鸡们开始向夜宿地移动，如果离夜宿地近，可以一路边走边吃，慢慢走回去；如果离得远，头鸡一路快步，跟随的马鸡在林中排成一条弯弯曲曲的队伍。马鸡虽然善于奔跑跳跃，但不善飞，上树睡觉时要借助树枝逐级向上跳跃。马鸡的夜宿之处相对固定，冬天的夜宿地常在暖和背风的地方，夏天则在有风凉爽的山脊处。

对于马鸡来说，结群有很多好处。一来"人"多眼杂，危险来临时更容易被发现，并迅速将警报传遍鸡群。群体中的每一个个体都因此受益，它们不再需要时刻防备捕食者，可以把更多的时间投入到取食中。二来"人"多力量大，它们有了更多找到优质食物资源的可能性。不过这同时也意味着，找到食物的马鸡要与群体中的其他成员分享自己的觅食成果。所以，有时候群体中也会出现不同的选择：有的藏马鸡会单独或者少数几只一起离群行动，这种行为可以让它们独享食物，而不是与大群体分享。但是"吃独食"也有风险，没有了群体警戒的优势，单个的马鸡往往要一边吃一边不停地四处张望，所以它们往往不会长时间游离在群体外。几只马鸡一起组成临时群体离群，也是个好方法，但是这也要看找到的食物够多少马鸡分，总得比在大群体中更合算，离群才有意义。群体越小，分享食物的马鸡越少，但警戒能力越弱；群体越大，越安全，但分享食物的马鸡也越多。研究者发现最大的临时出走群体，与最小的自然群体，拥有差不多的成员数量。也

神奇高原　MAGIC PLATEAU

MAGIC PLATEAU 神奇高原

左图：褐马鸡。

许正是在分得更多的食物和承担更少风险之间的权衡，维持了马鸡的群体生活，也决定了马鸡群体的大小。

到了春天，马鸡们的繁殖开始了。3月底到4月，马鸡的大群体分散开来，性成熟的马鸡会寻觅配偶配对，亚成体的马鸡依然维持着小群体活动。发情的雄性马鸡羽毛更加油亮，尾羽向上展开，这是它们一年中"颜值"最高的时候。繁殖期的蓝马鸡和褐马鸡有激烈的争偶打斗和很强的占区行为。据说正是因为褐马鸡的好斗，加上极富装饰性的羽毛，中国古代曾以褐马鸡的羽毛装饰武将的帽子，称为"鹖冠"（鹖即褐马鸡）。也正是装饰性很强的羽毛，为褐马鸡引来了杀身之祸。由于包括猎杀在内的种种原因，褐马鸡如今是4种马鸡中最濒危的一种。不过好斗的性格并没有出现在繁殖期的白马鸡和藏马鸡中，它们也没有明显的抢占领地行为，繁殖中的白马鸡仍然可以与同类们在一个区域里觅食。

马鸡是"一夫一妻"制，发情中的雄性白马鸡会围着雌马鸡追逐，在雌马鸡的前后左右一次次腾空跃起，并不时啄起雌马鸡的羽毛。一番准备工作之后，就可以交配了。然后马鸡"夫妻"们选址筑巢，藏马鸡和白马鸡的巢会筑在陡峭处的岩洞中，这在其他两种马鸡中是未曾见到的。隐蔽性强，动物不易靠近，是马鸡选择巢址的标准，所以灌丛中的倒木下也是白马鸡筑巢的常见选择。马鸡的巢很简单：松软的土地上扒开一个坑，垫上枯枝、乱草、苔藓、羽毛之类。雌性白马鸡往往一边产卵一边修巢，直到所有的卵都产完，再把巢好好整修一番，准备孵卵。雌马鸡会单独孵卵，雄马鸡负责安全保卫工作。孵卵的白马鸡很敬业，日夜工作，风雨无阻。孵卵期间雌性白马鸡每天只出巢觅食一次，临走前总会用巢材把卵盖好。为了保证卵的孵化温度，它们总在中午温度最高的几个小时内短暂出巢，在巢址附近觅食，气温越低，它们离巢的时间越短，如果遇到雨天，就干脆连续一两天都不出巢。雌马鸡孵卵时，雄马鸡总会在巢附近走动、观察。如果雌马鸡遇到险情，就会呼叫雄马鸡，"丈夫"也将火速赶到巢址。研究者们发现，白马鸡配偶之间这种叫声似乎是独特的，一只雌性白马鸡的求助叫声，只能引起它自己"丈夫"的应助行为，其他雄性马鸡则毫无反应。

刚出壳的马鸡宝宝一身黄褐色绒羽，出壳不久就可以跟着"母亲"出巢活动了。不同于它们的"父母"，幼年的马鸡以肉食为主。马鸡宝宝们大量出壳的时候，也正是昆虫大量活动的季节，这种时机的把握有利于马鸡幼鸟的成长。随着幼鸟年龄逐渐增长，植物在食物中的比例会越来越高。尽管马鸡们为了成功繁殖煞费苦心，但是天敌们也一样会千方百计地寻找食物，卵和雏鸟是最容易受到攻击的。兀鹫、金雕等猛禽，带着幼崽的狐狸、豹、豹猫、金猫、獾等肉食动物都是马鸡们的天敌，甚至渡鸦、红嘴山鸦等鸟类，也会偷吃马鸡的卵。

到繁殖季节结束，马鸡群体中多了很多大大小小的新成员，小家伙们在不同的时间出生，陆陆续续随着"父母"回到群体中。如果小马鸡顺利地长大，它们将在出生后的第三年春天，加入到繁殖后代的队伍中。

高原"神鸟"

在汉族的传统文化中，鹤被赋予了诸多寓意，鹤的名字总是与"仙"联系在一起。在藏族的文化中，鹤也同样是藏族群众心中的"神鸟"。在充满神话色彩的藏族英雄史诗《格萨尔王传》里，鹤是有灵性的使者：岭国的雄狮大王格萨尔的王妃珠牡，才貌双全，她有三只寄魂的仙鹤。格萨尔降服北方魔国时，被施迷药，身陷魔国。霍尔国的白帐王垂涎珠牡，趁机发兵入侵岭国，掳走珠牡。珠牡招来三只仙鹤，去往魔国，请格萨尔相救。三只仙鹤历经艰险，最终到达魔国，唤醒了格萨尔。格萨尔前往霍尔国，降服白帐王，与珠牡团聚。史诗中珠牡王妃赞美鹤的诗句，已经成为藏族聚居区广为流传的歌谣。

这种生活在青藏高原上的鹤，就是黑颈鹤。黑颈鹤在高原文化中存在了千年，然而被科学地描述和命名却很晚。在全球的15种鹤中，黑颈鹤是最后被记录到的一种。1876年，俄国军官，也是探险家的普热瓦尔斯基在青海湖畔采到了最早的黑颈鹤标本，并为这个新物种命名。这位探险家，就是著名的珍稀濒危动物普氏野马和普氏原羚里的"普氏"，这两种动物也都是他发现，并以他的名字命名的。在普氏命名黑颈鹤之后的一个世纪里，由于栖息地交通不便等原因，这种鸟一直鲜有人问津。直到20

世纪 70 年代，比较系统的研究才开始开展，黑颈鹤繁殖、迁徙、越冬、食物等情况才渐渐为人所知。

黑颈鹤拥有高大的身材，身长可以达到 1.2 米。身披灰白色的羽毛，只头颈、翅端是黑色，占到头颈三分之二的黑色羽毛，是黑颈鹤的标志，也是它们名字的来源。它们金色的眼睛后方有一块白斑，头顶像丹顶鹤一样，有一块裸露的红色皮肤。与其他鹤一样，黑颈鹤也拥有潇洒俊美的外表和嘹亮的鸣声。

黑颈鹤是唯一终生生活在高原上的鹤，繁殖和越冬，都在高原上进行。青藏高原和云贵高原，是它们主要的栖息地。曾经印度、越南、尼泊尔也有黑颈鹤栖息，如今都已绝迹。黑颈鹤是迁徙的鸟，每年要在繁殖地和越冬地之间转移阵地。研究发现黑颈鹤迁徙的线路主要有东、中、西三条。东部线路上的黑颈鹤夏季在四川诺尔盖湿地繁殖，冬季跋涉约八百千米，前往滇东北、黔西北的乌蒙山一带越冬。云南昭通的大宝山、纳帕海湿地、贵州威宁草海，都是这条线路上主要的越冬地。中部线路上，黑颈鹤的繁殖地在青海玉树和通天河流域，越冬地在约七百千米外的滇西北地区，横断山脉的南段。云南西北的纳帕海湿地和四川西南的海子山湿地，玉树的隆宝湖湿地，分别是这条线路上主要的越冬地和繁殖地。西部线路则集中在青藏高原上，夏季的羌塘、东昆仑、阿尔金山、可可西里、三江源的高原湿地都是黑颈鹤的繁殖地，冬季它们迁往青藏高原南部的雅鲁藏布江河谷中段，一部分黑颈鹤还会飞跃喜马拉雅山脉，去往不丹越冬。

每年 3 月，春季到来时，温度的上升给黑颈鹤传递了迁徙的信号——该开始离开越冬地，启程赶往繁殖地去完成创造种群新成员的使命了。黑颈鹤迁徙的队伍排成整齐的"一"字或"V"字形，飞越崇山峻岭。由于长途的飞行非常耗能，黑颈鹤十分懂得借助上升气流滑行，而非持续地振翅飞行，这样可以节省不少体力。遇到合适的中转站，它们会停下来觅食，补充能量后再上路。雨雪天气往往会耽搁行程，而如果遇到合适飞行的顺风或者微风，它们就会加班加点地飞行。大约在 4 月初，鹤群抵达繁殖地。刚刚着陆的黑颈鹤，会过一段时间结群而居的生活。不久之后，群体分散开来，黑颈鹤们开始两两配对，一年一度的求偶仪式开始上演。

发情的雄黑颈鹤头顶的鲜红色皮肤会肿胀，雌雄黑颈鹤在一起追逐、鸣叫。有时候还会看到绝美的"婚舞"，雄鹤通常很主动，围绕雌鹤翩然起舞，展翅跳跃，伸颈鸣叫，雌鹤渐渐也加入了这场歌舞，雌雄相向，引颈高歌，唱和相随。与很多大型鸟类一样，黑颈鹤是"一夫一妻"且终身制的伴侣。求偶之后是交配，然后黑颈鹤"夫妇"们就要寻觅合适的巢址产卵了。

深入沼泽、四周环水的草墩，或者茂密的芦苇丛都是黑颈鹤极好的建巢地点。选好的地点既是巢址，也是黑颈鹤"夫妇"俩的家庭领域。在繁殖期间，它们会排斥其他鹤进入自家的领地。建巢的材料常常都是就地取材，比如干枯

后页：黑颈鹤全身大部分地方灰白色，头颈部是黑色，这是它们名字中"黑颈"的来由。

上图（上）：清晨，鹤群从睡梦中苏醒，黑颈鹤休息时，常单腿站立，把头埋在翅膀下。

上图（中）：越冬的黑颈鹤有在早晨鸣叫的习性，几只领头的鹤先鸣叫，最终群鹤仰天齐鸣，这种鸣叫可能是一种维护家庭领地的行为。

上图（下）：早晨的鸣叫过后，黑颈鹤开始分散活动，飞翔、觅食。

的草本植物茎秆。巢很简单，堆叠成浅盘状即可。黑颈鹤的体型很大，为了满足成鸟孵卵的空间需求，它们的巢径可以达一米。也许在之后的使用中，水位会上涨，"房主"们就需要随时对这个简易的"房子"进行修筑加高。雌鹤一般会产下两枚卵，中间间隔1～3天。卵由双亲共同孵化，但主要由雌鹤完成。雄鹤承担着保卫领地的任务，与一切来犯的同类展开搏斗。它们蓬起全身羽毛，扇动双翅，伸长脖颈，发出阵阵警告的鸣叫，向入侵者冲去。如果对手比较强大，黑颈鹤会举家出动，合力迎敌。

大约三十天之后，幼鸟孵化，小黑颈鹤要自己破壳而出，从在卵壳上戳开孔到出壳，整个过程大概要一天时间。黑颈鹤是早成鸟，刚孵化的幼鹤身披黄褐色绒毛，出生的当天，就可以蹒跚学步。最初的几天，幼鹤需要亲鸟饲喂，只需要大约一周，小家伙们就能自己觅食了。小黑颈鹤很机警，遇到危险时，它们会迅速钻进茂密的植物中躲藏。黑颈鹤"父母"们也很勇猛，以成年黑颈鹤的体型，它们很少有天敌，但如果有猛禽之类的捕食者觊觎自己的小黑颈鹤，它们也会奋力反击，保护幼鸟。

黑颈鹤的幼鸟似乎非常好斗，两只幼鸟常常互相斗殴，这种情况会持续一个多月。这也许是一种适应性进化，通过淘汰体弱的幼鸟，把有限的资源留给最优的后代。繁殖期的亲鸟能量消耗巨大，幼鸟也需要大量进食，好在秋季的迁徙到来之前尽快长大并学会飞行。因此它们会给自己加餐，动物性食物在食谱中明显

后页：两只打斗的黑颈鹤，可见翼缘的黑色飞羽。

MAGIC PLATEAU 神奇高原

增加，昆虫、软体动物、鱼类、蛙类、蜥蜴、甚至鼠兔，都是它们的食物。这也是为什么它们需要不遗余力地将入侵者赶出自己的领地，给自己和小黑颈鹤以充足的食物资源。黑颈鹤4岁时才性成熟，因此除了成功繁殖的亲鸟，还有很多未进入繁殖期的，和繁殖失败的黑颈鹤。繁殖的亲鸟往往占据了最优的地段且霸占领地，那些不带"娃"的鹤就被排挤到了相对不利的区域，它们往往还是像往常一样集群生活，度过在繁殖地的6个月。

幼鸟长到3个月大时，毛色就基本与成鸟无异了。此时繁殖地的温度渐渐降低，黑颈鹤们也要准备返回越冬地了。它们每年用在往返于迁徙路上的时间大约有一个月，高原气候多变且不友好，黑颈鹤飞越雪山时往往要用尽所有的飞行技巧才能顺利迁徙。返回的队伍比来时更大，大约在9月底到10月初，黑颈鹤回到越冬地。回到越冬地的鹤群会在空中盘旋良久，直到确定安全，它们才降落。此时风尘仆仆的鸟儿们最需要的就是饱餐一顿，以尽快恢复途中消耗的体力。

在羌塘高原上繁殖的部分黑颈鹤，会来到雅鲁藏布江河谷中段的"一江两河"地区，这个地区由雅鲁藏布江和它的两条主要支流——拉萨河、年楚河流域组成。这里地势宽阔平坦，有丰富的水资源可以用来灌溉，深厚的土壤适合农作物的种植，这里是西藏主要的农业区，被称为西藏"粮仓"。"粮仓"里也有黑颈鹤

右图：黑颈鹤幼鸟跟随亲鸟活动。
后页：未成年的黑颈鹤羽色与成年鹤不同。

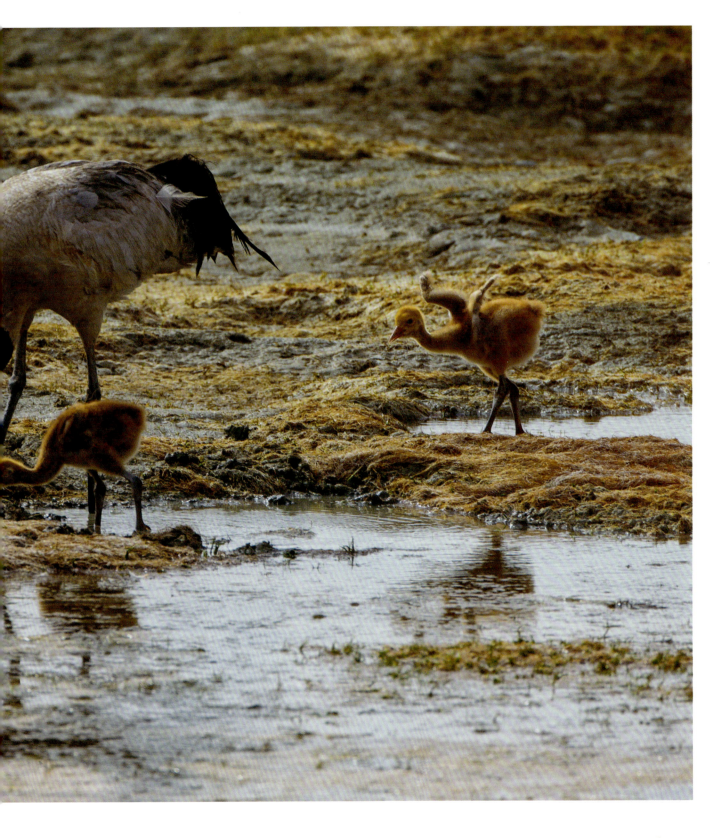

绝佳的食物——遗落在田里的青稞和小麦等农作物的种子。猪拱松了田里的土壤，所以黑颈鹤找起食物来很容易。藏族群众也很欢迎这些来"偷食"的鹤，黑颈鹤跟当地人的家畜和谐共处的画面时常可见。这样的人鹤和谐共处的画面，同样出现在云南昭通的大包山黑颈鹤自然保护区。起初，保护区里的村民将经济价值比较低的小土豆弃置在田里，这些富含营养的块茎吸引了黑颈鹤的光顾，黑颈鹤用长而有力的嘴翻食地下的食物。后来，为了减少保护区内的人为干扰，七百多户村民迁出了核心区。不过来这里的黑颈鹤并没有失去食物，保护区特地种植了土豆为它们加餐。

在越冬地，尽管经历过秋季迁徙的幼鸟现在已经拥有与"父母"差不多的体型，黑颈鹤"父母"仍然会照顾当年出生的"孩子"。一双"父母"带着一两只幼鸟，以家庭为单位活动，一家子形影不离。白天，黑颈鹤家庭，或者未繁殖的鹤组成的群体，在农田沟渠等地觅食。晚上它们会聚集在一起，来到避风的沼泽湿地、河流浅滩等地，在刚没腿一点的浅水中睡觉，相互之间靠得很近，互为警戒。它们睡觉时单腿站立，把头埋进翅膀下。有时候，夜间的低温会让脚下的水结冰，等日出之后，温度上升将冰融化，它们才飞走觅食。到了第二年，随着天气日渐转暖，黑颈鹤又要开始大量进食，为春季的迁飞储备能量了。

前一年出生的小黑颈鹤又随"父母"回到了它的出生地，但此时它的"父母"要开始为它即将出生的"弟弟妹妹"忙碌，不会再照顾它了。小黑颈鹤从此开始独立生活，不出意外的话，三年以后它也要有自己的下一代了。

黑颈鹤的栖息地，代表着独特的高原湿地生态系统。这其中既有玛旁雍错湿地这样的湖泊湿地，有若尔盖这样的沼泽湿地，有帕纳海这样的季节性湖沼，还有三江源地区这样由湖泊、河流和沼泽共同组成的湿地系统。与低海拔地区的湿地一样，这些高原湿地同样肩负着涵养水源，清除有毒物质，调节气候，作为湿地动植物栖息地等一系列重要的生态功能。但身处被称作"亚洲水塔"的青藏高原，这些湿地的生态意义更加不同寻常。因为它们是亚洲一系列重要河流的源头所在，这些水源地水体所处的环境质量，直接影响到河流广阔的下游地区。

青藏高原上，人们对黑颈鹤这种圣鸟的敬畏延续至今。今天，当黑颈鹤落在村庄附近的农田时，村民们仍然会尊敬地欢迎它们的到来。在藏族聚居区的村子里，生活多少都会有些宗教的气息。人们转动转经筒，这是一种修行，每个转经筒上都刻有经文，转上一圈经筒相当于念了一遍经文。教徒们对自然的敬畏，有着

下图：在高原湿地栖息的黑颈鹤。

上图：藏族村子里的转经筒。

很具体的表达方式。村民们会照料受伤的黑颈鹤，一直到它们康复。在西藏，这样的事情很常见，因为人们相信今生帮助其他生命，来世会有福报。藏族聚居区里这种尊敬和保护生命的事情随处可见，高原地带独特而脆弱的生态系统也因此而变得坚强起来。

高原工程师——鼠兔

有一种动物，处在青藏高原脆弱生态链的最底部，这就是鼠兔。兔子，那些大耳朵、短尾巴的动物，它们的家族在分类中叫作兔形目。这个目下有两个科，兔科和鼠兔科，前者中的成员带有更鲜明的"兔形"特征。后者则不然，它们体型较小，耳朵圆圆的，有几分像鼠。事实上，兔形目的确与鼠所在的啮齿目有很近的亲缘关系，两者共同组成了啮齿总目。兔子们与啮齿目的鼠、松鼠、河狸、豪猪这些"远亲"最大的区别在于，兔子长了两排上门齿，啮齿目只有一排；兔子前排的门齿表面只有单层珐琅质，而啮齿目则有两层。

总的来说，鼠兔是一群兔子。鼠兔有个萌萌的英文名，叫pika（不知道"皮卡丘"的创作灵感是不是从鼠兔来的，据说很多人都这么认为。）全世界有30种鼠兔，除了生活在北美的两种，其他都在亚欧大陆。鼠兔可能起源于亚洲，后来扩散到了更广阔的区域，并最终形成了现在分布格局。中国有24种鼠兔，其中包括12个特有种。遗憾的是，人们还未来得及了解其中的大部分种类，它们就已经处在灭绝的边缘。

在青藏高原的众多鼠兔中，高原鼠兔是最常见的一种。这群在草原上打洞而居的萌物是严格的食草动物，也是食物链最底层的动物。从西藏棕熊、藏狐、兔狲、香鼬，到金雕、大鵟，草原上几乎所有的食肉动物，都把它们当成美味的点心。能在如此猛烈的捕猎攻势中生存下来，这些小动物还是很有一套的。

高原鼠兔生活在比较开阔的草原上，无论严寒酷暑，它们除了吃草，都在忙于挖掘洞穴。有的洞穴只用来临时隐蔽，有的则兼具隐蔽和栖居的功能。栖居的洞穴像一个复杂的地下管网，通常以一个空间较大的窝巢为中心，分支众多，彼此连通，形成一个洞穴系统（以下简称"洞系"），每个系统有多个洞口。鼠兔们出洞时，会先探出身子警觉地瞭望，遇到危险就躲回洞中，确定没有危险时，才会出洞。鼠兔取食植物的时候会频繁地抬头观察敌情，它们有不错的视力和嗅觉，能够快速辨识天敌的气味。

高原鼠兔是高度社会性的动物，在它们的社会中，"一夫多妻"和"一妻多夫"并存，有时候还存在"多雌多雄"的情况。每个家庭占有自己的洞系，家庭成员在洞系周围的区域活动和觅食，也会保卫自己的洞系和领域不受其他鼠兔入侵，繁殖和养育幼崽也在洞系中进行。家庭成员之间有很多友好的社交行为，比如互相梳理毛发、并肩而坐、玩耍、摩擦鼻子、亲吻等。鼠兔们之间互相亲吻颌下部的行为可能是一种标记家庭成员的方式，它们颌下腺体的分泌物能够作为一种识别家庭成员的嗅觉信息。在家庭领域内，地面上的一些"跑道"将鼠兔们的活动区域和洞口连接起来。在有些跑道两侧，分布着鼠兔们的"厕所"。鼠兔们并不随地如厕，把排泄物散布在各个"厕所"中，也是一种标记领地的方式。与它们默不作声的近亲兔子不同，鼠兔大都有鸣叫的习性。高原鼠兔能够发出很多种不同的声音，这些声音包含着不同的意思：雄性鼠兔的"长鸣"是宣示领地的叫声，而家庭成员的"短鸣"则是危险警报的信号。要防备的天敌如此之多，在地面活动的鼠兔需要随时保持警觉，发现危险的鼠兔会向其他鼠兔发出警报。

高原鼠兔繁殖力非常强。雌性高原鼠兔一年能繁殖3～5胎，一胎生育2～8只幼崽。4月到8月，都是交配繁殖的季节。一些出生较早的雌性子代，当年就可以投入到繁殖大业中去。在一些地方，高原鼠兔的密度能达到每公顷三百多只。高原鼠兔这种强大的繁殖能力，让它们能够在种群密度很低时，通过快速繁殖，迅速提升种群数量。而在种群密度比较高时，往往伴随着更高的后代死亡率。通常第一胎出生的鼠兔最多，成活率也最高，而后面几胎则逐渐降低。有研究发现，高原鼠兔的平均寿命大约一百二十天，寿命最长可以达到九百多天，第一胎幼崽的平均寿命有一百多天，而第二胎

下图（上）：警觉的高原鼠兔在洞口向外张望。

下图（下）：发出鸣叫的高原鼠兔。

下图：鼠兔在冬季不冬眠。

和第三胎分别只有六十天和二十天左右，九成的后代都挨不过冬天。那么生这么多的意义何在？高原鼠兔的这种生育很可能是机会主义的选择：以庞大的数量对抗天敌、气候、食物等各种因素引发的损失，更多的后代稀释了每一个个体，尤其是第一胎个体面对的危险，这样整个群体的后代就有更高的成活概率。

青藏高原的冬季并不好过，不但苦寒难耐，而且进入枯草期，食物也越发短缺了。不过鼠兔们并不会听天由命，它们有过冬的对策。它们在冬天减少活动，降低能量的消耗。同时它们身体中的褐色脂肪组织增多，这些组织能通过非颤抖性产热的方式，帮助鼠兔抵御寒冷。在冬季，鼠兔将食谱扩大，一些在夏季基本不吃的草也会进入冬季食谱。鼠兔们还有一种有趣的行为，在草本植物生长旺盛的季节，它们会把一些高大的草从基部割断，堆成一个个干草堆。它们还喜欢把干草堆放在一些大叶片上，似乎是为了减缓干草的腐败过程。有人认为这是一种储存过冬食物的行为，也有人认为这些干草主要是用于鼠兔窝巢的冬季保暖，还有人认为，鼠兔切割这些高大植物是为了防止瞭望视线被遮挡，是为了应对被捕食的压力。

经过一个冬天，鼠兔的数量大幅减少。春末，幸存下来的鼠兔们开始寻找配偶。上一年出生的成员成为家庭中的大多数，其中的雌性鼠兔通常待在原来的洞系中，而雄性鼠兔通常分散出去，与其他洞系中的雌性鼠兔组成家庭，草原上的鼠兔因此经历了一次洞系的重新分配。在高原鼠兔选择配偶的过程中，雄性鼠兔不会去找有亲缘关系的雌性鼠兔组成家庭，以此避免近亲繁殖。高原鼠兔为什么会有多种婚配制度尚不得而知，有研究发现雌性高原鼠兔在繁殖过程中也会表现出一些攻击性，这意味着它们在配偶的选择中可能也有主动权。雌性的择偶主动权，也许是影响鼠兔婚配制度的一个原因。

上图：艳丽的藏波罗花点缀着荒凉的草原。高原上温暖的季节很短暂，这里的植物会抓住宝贵的时机迅速开花结果。

一直以来，鼠兔被视为草场退化的"罪魁祸首"，人们认为鼠兔的挖掘破坏了草场，它们觅食会与家畜争夺食物。因此从20世纪50年代起，大规模消灭鼠兔的运动就开始在青藏高原上展开。然而把草场退化的"锅"甩给鼠兔是不合适的。事实上，往往是过度放牧导致了草场退化，而已经退化的草场无法承载高原鼠兔的活动，这时鼠兔的存在会加速草场的退化，使草场的恢复变得更困难。青藏高原生态系统的稳定，对于中国乃至亚洲其他国家的环境都至关重要，以致人们不得不消灭鼠兔，来控制草场的退化。然而消灭鼠兔，并不是解决草场退化问题的有效方法。杀灭鼠兔使用的有毒药物，还会危及以鼠兔为食的其他动物。如果这些动物因为二次中毒而数量减少，鼠兔的数量将得不到来自捕食者的控制，这会成为一个可怕的恶性循环。

事实上，鼠兔在生态系统中发挥着重要的作用，它们就像高原上的生态系统工程师。它们挖掘的大量洞穴，能够截留部分高山融水和降水，增加了土壤的渗透力和含水量。挖掘洞穴时，深层的土壤被它们带到地表，这种扰动使土壤中的有机质能够被更快地分解。鼠兔将挖掘出的土壤堆在洞口形成鼠丘，这使草原上出现了很多不同的微环境，使植物的多样性大大增加。鼠兔对动物多样性的维持也做出了贡献：一方面，遍布草原的鼠兔们养活了各种各样的食肉兽类和猛禽；另一方面，鼠兔的洞穴不仅是它们自己的巢穴，也为褐背拟地鸦、多种雪雀和一些两栖类、爬行类提供了隐蔽的栖身之所。这些借鼠兔的洞穴繁殖的雪雀，也与鼠兔保持着友好的合作关系。当发现有捕食者接近时，鸟儿们会立刻向"房东"鼠兔"通风报信"。

有些物种的消失或削弱能引起整个群落和生态系统发生根本性的变化，这样的物种在生态学中被称作关键种。在青藏高原，鼠兔就是这样的物种，它们娇小的身躯是整个高原生态系统的一块基石，整个食物链和生态系统因它们得以健康运转。

藏狐

高原上把鼠兔当作美味的食肉动物很多，藏狐就是其中之一。各种狐狸都属于食肉目下的犬科。中国有三种狐狸——赤狐、沙狐、藏狐，其中藏狐仅在青藏高原生活，而赤狐最常见，几乎遍布全国，它们也是藏狐在青藏高原上的近亲和"邻居"。藏狐跟它的两位近亲一样，也有一条蓬松的大尾巴。不同的是，藏狐的四肢没有那么修长，比较短粗，这也许可以减少它们身体的表面积，从而减少热量散失，让它们在高寒的环境里生活得更好。不同于人们通常对狐狸的"锥子脸"印象，藏狐长了一张方脸，脸上一副漠然的表情，让藏狐成了"表情包界"的明星动物。

藏狐的生活环境与高原鼠兔很相似，事实上，藏狐是一群几乎完全靠高原鼠兔生活的食肉动物。在羌塘，藏狐食物的九成都来自高原鼠兔。藏狐捕食高原鼠兔的技巧是出其不意：

上图：藏狐标志性的"冷漠脸"。

后页：赤狐。

MAGIC PLATEAU 神奇高原

它们先是低下身子,蹑足潜踪,慢慢靠近,避免引起鼠兔的警觉;等进入有效的攻击范围,突然出击,鼠兔常常措手不及,命丧藏狐之手。虽然是方脸,但藏狐有长而尖的吻部,可以用来对付躲进洞穴的鼠兔。

生活在青藏高原的开阔草原上,没有树木可以遮蔽和栖身,气候又变化无常,冬季极寒,很多动物都因此选择了挖洞为巢,鼠兔、旱獭、赤狐、狗獾和藏狐都属此类。藏狐的洞穴入口很小,只有二十多厘米,洞口进入后先拐一个弯,向内可以延伸很深。这些洞似乎特意弯成了合适的角度,能够很好地排水,保持洞内干燥。这样的构造既安全,又通风保暖,舒适宜居。即使是在暖和的天气,在高原这种空气稀薄的

上图:藏狐捕到了一只鼠兔。

右图:藏狐。

地方挖洞,也是个十分耗费体力的活儿。作为一个典型的机会主义者,藏狐更愿意去占用别的动物挖好的洞。

藏狐在早春开始交配,幼崽出生时,恰好是高原鼠兔开始大量繁殖的时候。这对喂养幼崽的藏狐"母亲"来说,是再好不过的事情。小藏狐们常常在一起玩耍,学着藏狐"妈妈"

MAGIC PLATEAU　神奇高原

的模样练习捕猎的技巧。除了带着幼崽的雌性藏狐母子一起生活，藏狐通常是独居的。它们在自己的洞穴周围占据领地，并时常巡视，驱赶入侵者。像"汪星人"一样，在领地上留下尿液，这也是藏狐宣示领地的一种方式。

在食物链中，藏狐处在鼠兔的上一层，但它们也会成为别的动物的腹中之物，藏狐主要的天敌是狼。对于体重只有三四千克的藏狐来说，一只高原鼠兔，算得上是顿大餐，但对棕熊来说，鼠兔也就是道点心。

西藏棕熊

早春时节，当棕熊们从5个月的冬眠中醒来时，高原上寒意尚存。它们得先去找一些助泄的食物，排掉肛门处的粪栓。接近半年不吃不喝，它们会失去接近一半的体重，接下来的半年，它们有两件重要的事情要做：把体重吃回去，为半年后的冬眠储存足够多的脂肪，还有交配。

棕熊这种陆地上体型最大的食肉动物，有极强的适应性，从亚欧大陆到北美，从森林到草原，都有它们的身影。在青藏高原，无论山地森林、高原灌丛、草甸、草原、湿地还是荒漠，都有棕熊的踪迹。无论在什么样的环境中，棕熊们都需要为生存而盘算——如何用更少的能量，吃到更多的食物。在雅鲁藏布江河谷，有茂密的植物，尤其是在秋季，各种浆果和果实成熟，这时候植物占了它们食物的大部分。而在西藏北部的羌塘高原，植被要稀疏得多，

上图（上）：相比于其他地方的棕熊，西藏棕熊的毛发更长，耳朵显得非常突出。

上图（下）：棕熊察觉到异常情况时会站立起来瞭望，它们能非常灵活地以后肢站立。

这里的棕熊主要吃肉。

春季，经过一个寒冬，很多动物冻饿而死，这些动物的尸体是棕熊绝好的食物。夏季，那些藏羚羊集中产崽的高原湖泊附近，遍地的胎盘、未能成活的幼崽留下的尸体，也是棕熊的食物资源。吃腐肉是件划算的事情，不需要耗费体力与猎物搏斗，简直不费吹灰之力，但前提是得能找到这些尸体。棕熊的视力和听力都

很差，但它们有极其敏锐的嗅觉。如果在顺风的方向，它们在一千米以外就能闻到尸体的气味。这项本领让它们可以选择去搜寻尸体，运气好的话，找到一头牦牛的尸体，就是好几百千克肉，简直中大奖一般。但这样的机会可遇而不可求，在碰运气和老老实实捕食之间，还是需要做一番权衡。

五六月份，天气转暖，草本植物生长，食草动物的活动开始增多。这时候也是高原鼠兔进入繁殖期，数量急速增长的时候。相比于大型动物尸体，高原鼠兔虽然肉少，但却随处可见，是更加容易找到的食物。棕熊拥有捕猎的绝佳"装备"——尖牙利爪和强有力的前肢，据说它们甚至能拍断牦牛的脊柱。别看它们平时走路摇摇晃晃，显得很笨拙，它们跑起来能达到60km/h的速度，捕起食来更是有迅雷不及掩耳之势。它们既能挖掘，把鼠兔从洞穴里掏出来，也能在洞口"守株待兔"，只等鼠兔出洞就一掌毙命。喜马拉雅旱獭是棕熊的另一种常见的食物，这种大型啮齿动物同样过着打洞的生活，不过与鼠兔相比，旱獭的洞穴更深，也更复杂，不容易被捕到。因此虽然旱獭比鼠兔大得多，但鼠兔仍然是棕熊主要的食物。在高原草原，一只成年棕熊一年能吃掉两三千只草原鼠类。棕熊还善于游泳，能涉水。它们可以站在水中捕鱼，一动不动静静盯着水中，一发现猎物，迅速出掌。在有鸟类栖息的湿地，棕熊也猎捕鸟类，或者抢食鸟蛋和幼鸟。有时候，它们还会从藏狐等小型食肉动物手中抢夺食物。中午气温最高的时候，棕熊们会找个通风阴凉的地方休息，到夏天温度最高的月份，它们干脆只晨昏或者夜间活动。

夏天，是棕熊交配的季节。棕熊是独居的动物，在交配季节，雌雄棕熊才会出现在一起。如果雌性棕熊带着前一年出生的幼崽，它们会继续照顾"孩子"，不参与繁殖。如果幼崽在繁殖季节到来之前就夭折了，那么棕熊"妈妈"们，会立刻投入到繁殖中。雄性棕熊之间，会爆发争夺配偶的战斗，它们的尖牙利齿此时成了追求"爱情"的武器。交配过后，雄性棕熊径自离去。雌性棕熊经过7～8个月的孕育，将产下1～3只小熊。刚出生的小熊身上的毛短而稀疏，要到一个月大才能睁开眼睛。

秋季，棕熊们开始昼夜取食，为冬眠做最后的储备。11月，当高原的风越来越寒冷，冬雪降临时，棕熊要尽快找到合适的地方挖洞冬眠了。在西藏北部，向阳的险峻山崖或者不易被打扰的山坡是好选择。在西藏东南部，棕熊们将向低海拔的地区迁移，在阳坡或天然的树洞中冬眠。棕熊如果在冬眠中遇到危险，它们就会惊醒。年幼的小熊跟随棕熊"母亲"一起冬眠，还有些小熊会在棕熊"母亲"冬眠期间出生，如果这些小家伙幸运地活过冬季，到它们人生的第二个夏天，棕熊"母亲"就会把它们从身边赶走。这样棕熊"母亲"开始新一轮的交配繁殖，而小熊们开始"独闯天涯"，大约两年之后，它们也将开始发情交配。

在一些地区，西藏棕熊和人之间出现了冲突。这些不速之客趁主人外出放牧时破门而入，在牧民的家中以极具破坏力的方式寻找食物，或者攻击猎食牲畜。很多家庭遭到它们的"洗劫"，有些牧民还被棕熊所伤。棕熊虽然强悍，但很少主动攻击人类，除非它们感受到威胁，或者带着幼崽的母熊认为靠近者想要伤害它们的幼崽。那么棕熊为什么破坏房屋，抢夺牧民的食物呢？一方面，相比于捕猎觅食，偷盗人类的食物更加容易，尤其是在自然食物资源匮乏的地区和季节。另一方面，自然状态下，棕熊这种大型食肉动物需要大面积的觅食范围，才能满足自身需要。一只棕熊在不到一年的时间里能够搜寻数千平方千米的地域，在人类的足迹不断拓展的当下，它们与人类的相遇几乎是必然的。对于藏族群众来说，出于传统和信仰，他们不能伤害棕熊。况且，棕熊是控制鼠兔数量的重要力量，这对牧民的草场也是有益的。但是棕熊的"劫掠"给牧民而带来的损失，又如何解决呢？或许在棕熊和人类活动的区域之间建立缓冲区域，给棕熊更多的空间和资源；给因棕熊而蒙受损失的牧民以补偿，是能够缓解人-熊矛盾的方法。

天神使者——高山兀鹫

在青藏高原上，除了鼠兔这样的食草动物，藏狐、棕熊这样的食肉动物，还有一群专门以腐肉为食的动物，也发挥着重要的生态功能，它们是食腐猛禽——高山兀鹫。

在旧大陆的亚洲、欧洲、非洲，和新大陆的美洲，都有一群头顶裸露，专以动物尸体为食的鸟类，英语中称vulture，汉语中被统称作"鹫"。不过这些有着相似外表和习性的鸟类，并没有太近的亲缘关系。新大陆的鹫组成了美洲鹫科，在流行的分类系统中，它们被列入了鹳形目。旧大陆的鹫类则与鹰、鵟、雕、鹞等同属隼形目下的鹰科。新旧大陆的这两类鹫间的相似特征，可能来源于趋同进化。就像亲缘关系并不近的小熊猫和大熊猫，因为都吃竹子而进化出了一些相似的性状一样。

旧大陆的秃鹫大都身披深色体羽，头顶裸露或仅有稀疏的绒羽，有长而细的脖子。但有两个例外，即棕榈鹫和白兀鹫。这两位的颈部更粗，裸露较少，有大块白色的体羽。不仅长相与众不同，它们习性也很特别。棕榈鹫得名于它的食性，它是鹫类中唯一不食腐的，这种鸟生活在撒哈拉以南的非洲，油棕的果实是它主要的食物。白兀鹫则跻身会使用工具的动物之列，有研究者在保加利亚西北部的一个牧场发现，白兀鹫会用嘴叼着一根细枝，把剪羊毛之后剩在地上的毛像扫地一样聚拢起来，然后叼走筑巢；这种神奇的鸟还曾被发现用嘴叼石头砸开鸵鸟蛋。在这方面，如果说鹫类中其他的鸟有哪一种能略微与白兀鹫相比的话，那就是胡兀鹫了。这种鹫是中国最常见的三种鹫之一，整个西部都有它的踪迹。胡兀鹫会把不易直接嚼碎的粗大骨骼叼到岩石裸露的地带，从高空抛下摔碎后食用。

但食腐仍然是鹫类中绝对的主流，它们的身体特征与食腐的生涯密切相关。因为很少捕猎，鹫类往往没有利爪，它们的爪子更适合用来支撑身体、奔跑跳跃和辅助撕扯食物，它们还有强大的嘴来撕碎腐肉。鹫类裸露的头和细

后页：棕榈鹫。

神奇高原　MAGIC PLATEAU

上图：白兀鹫。

长的脖子，使它们能够方便地把头伸进尸体中进食，同时减少头颈受到尸体的污染。它们消化道中有强烈酸性的消化液，可以消灭大部分的致病菌。有研究发现，鹫类与消化和免疫相关的基因进化得非常快。以上这些，就是鹫类虽然以腐肉为食，却不会被疾病困扰的原因。食腐动物不需要捕猎技能，能否有足够食物，关键看能不能找到食物。扩大搜寻范围有利于提高遇到食物的概率，所以鹫类通常都是翱翔高空的大鸟，而且很善于利用上升气流，以最节能的方式进行长时间、大范围的搜寻。另外，它们还有高度发达的视力和嗅觉帮助搜寻。尽管如此，觅食还是充满了不确定性，当找不到食物的时候，它们需要有足够的储备挨过暂时的饥饿，这可能就是鹫鸟们都拥有庞大体型的原因。事实上，几乎所有的食肉动物都可以偶尔以动物尸体为食，但鹫类是唯一真正意义上专性食腐的脊椎动物。

在很多地区，常常会有多种鹫类同时存在，这时候，它们之间会出现竞争。鹫类倾向于利用不同的食物资源，来降低竞争的激烈程度。鹫类的体型、喙、头骨和相关肌肉群的特征不同，它们的取食也有差别。鹫类的进食没有什么先来后到可言，规则很简单，谁抢到谁吃，必要的时候打斗也是不可少的，体型大的鹫更占优势。如果一种鹫体型大，拥有强大的喙，它就比较适合率先撕裂尸体，食用那些比较坚韧的部分。喙没有那么强大，头骨比较窄的鹫类，适合吃尸体上柔软的部分。那些体型比较小，喙比较弱，头骨又比较宽的鹫类，往往是收拾遗落的尸体碎片的类型。因此，一项在东非开展的研究发现，鹫类不同物种间的竞争强度，其实要低于其他同一物种的内部。

除了胡兀鹫，秃鹫和高山兀鹫是中国常见的另外两种鹫类。高山兀鹫，也称喜马拉雅兀鹫，它们的体型可以在中国的猛禽中拔得头筹，体长120～150厘米，体重可以达到10千克左右。褐色的身体背部色深，腹部和腿部色浅，翼端是黑色的飞羽，展翅时有明显的颜色对比。裸露的头颈略有稀疏的白色绒羽，颈的基部有像领子一样的白色蓬松羽毛。

高山兀鹫白天在高山草甸、草原、灌丛等环境中觅食，晚上栖身在海拔两千米以上的山地，悬崖峭壁上裸露岩石的凹处或岩洞中是它们常见的居所，阳坡尤其受其青睐。这些地方突出的岩体可以帮助高山兀鹫遮风挡雨和保持温度，另外也能够躲避人兽干扰。到了繁殖季节，这些地方也是它们的巢址。高山兀鹫是"一夫一妻"制，建巢时巢材由高山兀鹫"夫妻"轮流衔回，柔软保温的细草是常用的材料。巢材运到巢址后，铺垫整理的工作由雌鸟担任。由于高山上的大风常把巢材吹走，体型庞大的高山兀鹫也不时把草掀出巢外，雌鸟不得不经常修补自己的巢。高山兀鹫交配时，雄鸟先发起交配的邀约，赢得雌鸟的同意后，雄鸟跳到雌鸟背上，这时的平衡并不容易掌握，它需要不时抬起翅膀控制平衡。二月前后是高山兀鹫繁殖的季节，初春时节的青藏高原还天寒地冻，所以无论是筑巢还是交配，高山兀鹫都在白天温度较高时进行，午后气温最高的时段是高山兀鹫最活跃的时候。

食腐脊椎动物在生态系统中的作用，曾一

度被低估。现在我们知道，相比于食腐的无脊椎动物和微生物，自然界中处理动物尸体的工作，大部分都是由这些脊椎动物完成的，食腐脊椎动物是整个生态系统物质循环和能量流动的重要一环。这些动物的食腐行为，与食物链中的其他物种之间也有复杂的相互作用。在猎食动物捕到猎物后，食腐动物常常来"分一杯羹"，如此一来，猎食动物的捕食行为也为食腐动物提供了食物，而食腐动物抢夺食物的行为，降低了猎食动物从捕猎中获取的能量，这促使猎食动物的捕猎行为增多，这种影响可能会沿着食物链继续传递下去。另外，有时候鹫类本身也会成为猎食动物的猎物。因此像鹫类这种专性食腐动物的种群变化，也会引起群落中其他物种的变化。

专性食腐的鹫类，还可能起到限制疾病传播的作用。鹫类是高效的尸体处理者，尸体的快速消失，能够降低病原微生物传播的概率。20世纪90年代，印度次大陆的鹫类种群遭到了毁灭性的打击。原因是家畜中普遍使用的非甾体抗炎药双氯芬酸，鹫类食用了含有这种药物的动物尸体，但自身无法代谢，最终因肾衰竭而死。鹫类的缺失使动物尸体存在的时间延长，同时使野狗和鼠类增多，这些动物大量接触尸体中的病原微生物，引起了疾病的传播。有研究统计，印度在1993—2006年间为此支付的额外医疗费用高达到340万美元。发生在南亚次大陆的这场鹫类危机，不断警醒着世人。

中国目前有关鹫类的研究几乎是空白的，没有足够的了解，对这些动物的保护是非常不利的。好在已经有人开始填补这个空白，中国科学院新疆生态与地理研究所马鸣研究员课题组，是中国鹫类研究的先行者，他们对新疆地区的鹫类做了大量开拓性的研究工作。2017年，他们的著作《新疆兀鹫》出版，这是中国第一部专门研究鹫类的著作。

在青藏高原的舞台上，高山兀鹫是清道夫，维持着自然生态系统的循环和稳定。

上图：高山兀鹫是中国最大的一种猛禽，翼展可达3米。

前页：食腐的鹫类颈部细长，头部裸露，仅有稀疏的绒羽，因此它们能够方便地把头伸进尸体中进食，同时减少尸体对头颈部的污染。

后页：胡兀鹫叼着粗大的猎物骨骼。

神奇高原　MAGIC PLATEAU

雅鲁藏布江峡谷

青藏高原上，并不只有喜马拉雅山脉的雪山冰峰、羌塘的高原草地，青藏高原特殊地形影响下的季风，还在西藏南部造就了一片温暖湿润的丛林。

青藏高原的隆起可以说是新生代以来最重要的地质事件，它不仅给大地的面貌带来了沧海桑田的巨变，还给亚洲的气候环境带来了巨大的影响。大气层可以将地面辐射向地外空间的热量中的一部分，通过逆辐射作用归还给地面，这种逆辐射的存在，使得地球表面的温度变化更加温和，而不像没有大气层的月球那样，表面温度变化非常剧烈。在广阔的青藏高原，极端的海拔使得高原上空的空气十分稀薄，这里的逆辐射作用较弱，高原面上的温度变化并不像它周围的低海拔地区那样温和。冬季，高原上空的大气成为一个冷源，形成一股强大的冷高压，它叠加在蒙古冷高压之上，形成了更加强盛的冬季风。这股由北向南行进的冬季风，在遇到青藏高原这个巨大的障碍物时，被迫走向偏东路径，成为西北风，在离开陆地进入海洋时又转成东北风吹向赤道。夏季，高原上空的大气又成为一个热源，青藏高原像一个烤盘加热着上方的空气，空气受热上升，形成热低压，加强了自海洋而来的海陆季风，来自印度洋的西南季风更加强大深厚，而来自太平洋的东南季风同样得到加强，为中国的东南地区带来了充沛的降水。与此同时，喜马拉雅山脉的

上图：雅鲁藏布江谷地茂密的丛林。雅鲁藏布江奔向西藏南部谷地，造就了沿江奇绝秀丽的景致，同时也开辟了西藏最主要和最富庶的农业区域。

阻挡，又使得西南季风难以越过这里继续向西，青藏高原内部成为雨影区（潮湿气流受高山阻挡，使雨降落于迎风面，降雨后气流中水汽大大减少，气流翻山后背风面地区降雨较少，这种山脉背风面降雨较少的地区被称为雨影区），降水稀少，而高原以北，亚洲中部地区气候变得十分干燥。

由于青藏高原的隆起带来的气候的改变，中国的气候因此分成了东南季风区、西北干旱、半干旱区和青藏高原区三大区域。这种气候变化又进一步改造着大地的面貌，东南地区因季风带来的降水而成为鱼米之乡、烟雨江南，西

上图：青藏高原的存在，对亚洲地区的气候和环境产生了重大的影响。

北地区因为干燥的气候成为大漠戈壁、苍凉塞外。一些研究认为，黄土高原也是青藏高原隆起的产物。青藏高原的隆起促成的强劲冬季风，为黄土的搬运提供了动力。而青藏高原的阻挡使西北地区变得干旱，提供了黄土的来源。黄土源源不断地自西向东搬运，从而形成了土层深厚的黄土高原。

青藏高原的阻挡，使得冬季风无法南下，喜马拉雅山脉的阻挡又使得印度洋的水汽集聚在山南地区，因此成就了印度次大陆温热多雨的气候，为整个次大陆带来了勃勃生机。印度一些地区的年降水量达到一万多毫米，依赖这种优越的水热条件的养育，这里成了世界上人口最密集的地方之一。因为同样的原因，中国境内喜马拉雅山南坡的一些地区，年降水量达到1000～5000毫米，使得这里不仅是西藏，也是中国降雨最集中的地方之一。丰富的降雨使得茂密的丛林在低海拔处发育，并随着海拔的上升，逐渐形成了完整的植被垂直带谱。

尽管喜马拉雅山脉是一条难以逾越的屏障，但在这条天然"长城"上也有一些缺口，使得强劲的西南季风能沿着缺口长驱直入，这就是雅鲁藏布江谷地。雅鲁藏布江是西藏最长的河流，它从喜马拉雅山脉北坡的雪山冰峰间流出，向东奔去。在向东流淌了2000千米之后，雅鲁藏布江来到了喜马拉雅山的东端，围绕着喜山东端的最高峰南迦巴瓦峰，雅鲁藏布江拐了一个马蹄形的弯，向南而去。就在这个拐弯前后的五百多千米河段中，两岸绝壁耸峙，犬牙交错，江水像一柄利刃，劈开山石夺路而去，犹如一条咆哮的巨龙，在峡谷中穿行。一路之上，雅鲁藏布江时而在山峰的挤压下收缩江面，时而在急剧的海拔落差中奔突向前，呼啸的水声犹如闷雷在峡谷间回响。这条峡谷，就是世界上最深的峡谷——雅鲁藏布江大峡谷，最深处是美国的科罗拉多大峡谷的三倍。这条峡谷是一条水汽输送的通道，来自印度洋的水汽沿着峡谷进入高原，像魔术师一般，将河谷变成了一个葱茏的世界。许多典型的热带生物在这里超出了它们通常的分布地带，达到了水平分布最北或垂直分布最高的极限。山脚的丛林，与山顶的冰川相映成趣，组成了一道"葱茏林海舞银蛇"的自然奇观。

青藏高原，被称作世界屋脊，它不仅仅拥有海拔的高度，也的确像屋脊一样，庇护着亚洲数十亿生灵。青藏高原造就的气候，和它孕育的冰川，为中国、中南半岛和印度次大陆带来了勃勃生机。地球上接近一半人口的生存，仰仗着这片高原。保护这片脆弱的土地，是人类的责任，也是没有余地的选择。

拯救藏羚羊

青藏高原上的野生动植物，对于整个高原生态意义重大。青藏高原地广人稀，加上严禁打猎的传统，使得有些地区的野生动物至今依然过着无忧无虑的生活。但是随着交通的发达，一些野生动物的栖息地正受到威胁并逐渐缩小。藏羚羊的命运就是一个典型的例子。

20世纪初，当西方探险家进入青藏高原的羌塘地区，他们看到的是这样的景象："几乎从脚下一直延伸到双眼可及的地方，有成千上万的母藏羚羊和她们的小羊羔，在极远的天际还可以看到很大的羊群像潮水一样不断地、缓缓涌过来……"彼时青藏高原上生活的藏羚羊可能有百万之众。到了20世纪八九十年代，来到可可西里、羌塘、阿尔金山，看到的很可能是堆积如山的藏羚羊尸体。此时，藏羚羊的估计数量是七万多只，不及原来的十分之一。在可可西里和阿尔金山的藏羚羊栖息地内，曾涌入数以万计的投机者，他们为淘金而来，大规模的人为干扰和淘金者以食用为目的的猎杀，引起了藏羚羊数量的下降。但这还不是藏羚羊的最大威胁，真正给藏羚羊带来灭顶之灾的，是商业盗猎。

17世纪60年代，来到克什米尔的欧洲探险家，将当地手工艺人制作的一种名叫"沙图什"的披肩介绍到了欧洲。这种披肩由藏羚羊的羊绒制成，由于藏羚羊的绒毛比一般的羊绒都要细，轻柔且具有极佳的保暖性能，因此被视为羊绒中的极品，有"软黄金"之称。而"沙图什"在波斯语中的意思正是"羊绒之王"。一个多世纪之后，随着羊毛披肩成为欧洲妇人的流行服饰，这种披肩在西方成了高贵奢华的象征，备受追捧。20世纪80年代，随着西方时装工业的发展，欧美各国对沙图什的需求量陡增。每年，大量价值不菲的沙图什披肩出现在欧洲、美国、澳大利亚和中东等地的市场上，每条售价超过一万五千美元。在这些地方，还流传着这样的故事：藏羚羊每年换毛时绒毛会脱落，当地人小心收集起这些绒毛，然后制作成了精美的披肩。这显然是逐利的商人编造出的谎言，而揭穿这个谎言的，是动物学家乔治·夏勒博士。

谈及藏羚羊的保护，夏勒博士是一个不可不提的人。他是世界上最杰出的野生动物研究者之一，他在世界各地开展的工作，为人们认识和保护银背大猩猩、非洲狮、孟加拉虎、大熊猫、藏羚羊等一系列物种以及它们的栖息地起到了至关重要的作用。20世纪80年代中期，在结束了大熊猫的研究工作之后，夏勒博士来到羌塘，成为第一个到此研究的西方学者。初到羌塘的夏勒博士，见到了行走在这里的藏羚羊队伍。很早以前，就有人注意到藏羚羊会从它们的越冬地成群地消失，眼前这些默默前进的藏羚羊从何方来？又要去往何处？接下来的10年时间里，夏勒博士深入青藏高原调查研究，渐渐揭开了藏羚羊迁徙的神秘面纱。正是夏勒博士和其他研究者的工作，藏羚羊在青藏高原

后页：藏羚羊。

的数量、分布、迁徙路线和生活情况才逐渐清晰起来。

20世纪八九十年代，很多人目睹过青藏高原上令人震惊的画面：成百上千只藏羚羊被屠杀，尸横遍野，血染大地，羊皮都被剥下，尸体被弃置当场。很多盗猎者利用藏羚羊集中产崽的习性，来到藏羚羊的产崽地，屠杀怀孕的母羊，开枪扫射，或者干脆驱车撞向羊群。由于人类的伤害，生性胆小的藏羚羊一见到人和车辆便夺路而逃。成堆的尸体引来了食腐的猛禽，以至这些猛禽总会追着外来的车辆，因为它们十有八九能饱餐一顿。20世纪80年代末开始的武装盗猎，在20世纪90年代后半叶达到了高峰，数十万只藏羚羊在猖獗的盗猎中丧生。

但1990年以前，没有人知道藏羚羊为什么会被杀害，盗猎者拿走藏羚羊的皮又有什么用处。当一个美国商人找到夏勒博士鉴定自己手中的羊绒时，夏勒博士发现其中大部分是藏羚羊绒，于是他想起了被猎杀的藏羚羊和来历不明的沙图什披肩。利用DNA检测技术，他证实了沙图什确实来自藏羚羊绒。沙图什背后的藏羚羊盗猎走私链条从此被揭开。在高额利益的驱使下，盗猎者在青藏高原大肆残害藏羚羊，将获得的羊皮走私到克什米尔，羊绒被当地的手工艺人用传统工艺做成沙图什披肩，然后流向西方市场。每条沙图什披肩的背后是3～5头藏羚羊的生命。随着沙图什的血腥真相被公之于众，藏羚羊的命运开始受到越来越多的关注。国内外各方面的力量纷纷投入保护藏羚羊的行动中，抵制沙图什的买卖，切断藏羚羊绒制品的制售链条，打击盗猎，保护藏羚羊的努力在方方面面展开。

藏羚羊被列入《濒危野生动植物种国际贸易公约》（又称《华盛顿公约》）的附录I。《华盛顿公约》是一个旨在管制野生物种国际贸易的国际公约，涉及的物种分为三类收入三个附录，并分别纳入不同级别的管制。藏羚羊所在的附录I中，包含了那些如果再进行国际贸易，将会导致灭绝的动植物，明确规定禁止其国际性的交易。1999年，与藏羚羊绒贸易相关的7个国家联合发布《关于藏羚羊保护及贸易控制的西宁宣言》，共同呼吁《华盛顿公约》的缔约国和非缔约国，为制止藏羚羊绒非法贸易提供严厉的法律保障。同年，在世界自然基金会的倡导下，国际社会掀起了抵制藏羚羊绒制品的热潮。

1988年，藏羚羊被列为国家一级保护动物。藏羚羊的主要栖息地——羌塘和北面的阿尔金山、中昆仑、西昆仑，西面的可可西里、三江源等地，相继建立了自然保护区，这些区域的面积加起来超过一百万平方千米。集中打击盗猎的行动，和藏羚羊从迁徙、产崽一直到次年交配期间的武装巡护在保护区内展开，有效遏制了藏羚羊的非法盗猎。在保护区范围内，非法的采金、捕捞卤虫、采盐等破坏高原生态的人类活动也被全面禁止。

在打击藏羚羊盗猎的历程中，杰桑·索南达杰，是一个载入史册的名字。他所领导的治多县西部工作委员会，成为第一支武装打击非法盗猎的队伍，这支队伍后来被称为"野牦牛队"。1994年，索南达杰在与盗猎分子的搏斗中牺牲。为了纪念他，可可西里保护区的第一个保护站以索南达杰这个名字命名。在昆仑山口，人们为他立起一座纪念碑。在保护藏羚羊的事业中，索南达杰已经成为一个标志性的符号，诉说着藏羚羊曾经遭受的那段血腥的历史，和人们为保护它们所做出的努力。2004年，以索南达杰和野牦牛队为原型的电影《可可西里》上映，很多人因此得以了解藏羚羊这群高原精灵。

2001年，青藏铁路格尔木到拉萨段全线动工。这条铁路穿越可可西里、三江源、色林错等保护区，恰好横在了三江源的藏羚羊种群向可可西里腹地的湖泊迁徙的路上。就在铁路建设的同时，研究者发现铁路的施工和不远处与铁路平行的青藏公路，对藏羚羊的迁徙产生了影响。有的藏羚羊因此无法到达迁徙的目的地，而将幼崽产在了公路一侧。青藏公路上平均每小时七十多辆的车流，让藏羚羊很难找到时机越过，白天只有三成藏羚羊能成功越过公路。

交通设施对野生动物的影响，自20世纪中叶起就受到了西方生态学家和民间组织的关注。随着社会的发展，人类的道路网络越来越四通八达，也越来越繁忙，这给人类带来便利的同时，却给野生动物带来了大麻烦。很多野生动物无法跨越这些道路，对于它们来说，原本一个整体的栖息地被分割成几个破碎的小区域。这些小区域面积的简单相加并不等于这些野生动物的有效栖息地面积，它们需要的是连续的生存区域。有的动物需要比较大的区域觅食，有的动物需要迁徙，不同区域间群体的基因交流对于种群的发展也至关重要。由于跨越区域的活动被阻隔，看似拥有大面积栖息地的野生动物，其实是被困在一个个狭小而孤立的区域里，这会带来食物短缺、近亲繁殖、种群出生率降低等不良后果。20世纪70年代，欧洲和北美各国开始探索用野生动物走廊将破碎的栖息地连接起来，到世纪之交，这些国家已经有了大量这方面的实践。青藏铁路的设计也专门学习和借鉴了这些经验。

为了控制铁路对高原生态环境和野生动物的影响，青藏铁路格拉段设计了33个野生动物通道。2004年，这些通道第一次被藏羚羊利用。尽管最初，藏羚羊对这些通道显得很不适应：这种甚至会被云在地上的影子吓到的动物，因为害怕，常常聚集在铁路前，徘徊一至两周时间，才敢通过，这严重延误了它们迁徙的时机。随后的几年，藏羚羊们表现出了明显的进步，它们已经能够不做太长停留地快速通过，习惯了利用这些通道。与铁路并行的青藏公路，是藏羚羊迁徙之路上需要面对的另一个困难。在藏羚羊迁徙经过的路段，野生动物通道的标识，提醒着过往的司机注意公路上的藏羚羊。在迁徙的季节，保护区的工作人员和来自民间环保组织的志愿者们也会来到这些路段，暂时叫停公路上的车辆，帮助藏羚羊们通过公路。

这些不懈的努力，使藏羚羊的种群数量渐渐回升，到2014年藏羚羊的种群数量估计达到了30万头。2016年，藏羚羊同大熊猫和雪豹一起，在世界自然保护联盟濒危物种红色名录中的濒危级别降低，藏羚羊更是连降两级，从濒危降到近危。濒危级别的降低传递出的是保护收到的成效，但这并不意味着万事大吉。

青藏高原的环境如此脆弱，像藏羚羊这样的动物再也经不起折腾了，保护一旦松懈，就可能前功尽弃。

守护高原

青藏高原独特的气候，孕育了这里独一无二的生物群体，高原上的雪山冰川、河流湖泊、四季轮转、雨雪冰雹、烈日狂风，是雕刻这里一切生物的自然之手。从某种意义上来说，生活在青藏高原上的动物是幸运的。这里让人望而却步的海拔和气候，让野生动物们长期过着无人打扰的生活。藏族这个信仰藏传佛教的民族，将自己的崇敬之心献给了高原的山川大地，也把行善的悲悯之心倾注在了那些高原的生灵上。

在藏族聚居区，教义和寺庙，以无形和有形的力量，约束着当地居民的行为。在广为流传的画"拉巴热巴传"里，猎人放下猎具，参拜佛祖，誓言不再杀生，多行善事。在信徒们心目中，人和其他生灵都有生存的权力，人类征服、统治大自然和其他生灵的行为，恰是给人类自身带来极大危害的根源，因此人类不能剥夺其他生灵的生存权利。寺庙几乎遍布西藏自治区的每个乡，所有的寺庙都禁止杀生。一些寺庙对周围藏族群众的杀生行为有严格的管束，如果有藏族群众捕杀野生动物，就会被罚款，在杀生者和其家人生病或死亡时，寺庙还将不派喇嘛做法事。对于笃信藏传佛教的藏族群众来说，后果是可怕的。因为信奉藏传佛教，高原上的山峰和湖泊，被赋予了神圣的地位，不允许随意攀登，更不能破坏或猎捕神山圣湖中的草木和生物，也不会有藏族群众去破坏土壤采金。滥采滥伐的行为会受到信众的谴责，外来的偷猎会遭到反对。青藏高原上的很多山川湖泊，因此保留了原始的面貌，成为一笔珍贵的自然遗产。保护环境和野生动物的传统，也深深植根于藏族聚居区，成为一种世代相传的美德。

越来越多的官方保护机构和民间环保组织，选择与寺庙和僧人合作，通过宗教和藏族传统文化的影响力，向公众宣传野生动物保护。随着这些合作的深入，一些现代生态学的理论也在慢慢渗入传统。一些人开始了解野生动物在维持生态平衡中的作用，以及生态平衡对人类自身的重要意义。保护野生动物和高原环境，开始不仅仅局限于出于教义和法律的规定，对生物和生态知识的理解也被引入其中。

然而，宗教和传统并非野生动物万能的"护身符"。尽管藏传佛教仍然是藏族人民心目中地位不可动摇的精神支柱，但传统宗教观念，在多受现代经济文化影响的年轻一代中正在变得淡薄。一旦宗教的约束力慢慢减弱，宗教观念的影响渐渐消退，传统的环境和动物保护的观念也会随之减退。更重要的是，随着社会的发展，自然保护与人类的生存发展之间出现了不可避免的矛盾，这种矛盾，是单纯靠宗教和传统观念无法解决的。

人口的增加，让很多原本是无人区的地方开始有居民进驻，逐渐被人类占领。19世纪末，当西方探险家来到羌塘西北的阿鲁盆地时，这里还是不折不扣的无人区，唯有高原的风和凡生草处皆有的藏羚羊最常见。1990年，当夏勒博士来到阿鲁盆地时，只有很少牧民在这里季节性地放牧，他在此记录到六百多只野牦牛和许多其他野生动物。在夏勒眼中，那时的阿鲁盆地是羌塘最好的野生动物领地。仅仅不到二十年之后，这里被多条道路分割，房屋随处可见，草场上竖起长长的网围栏，野牦牛已经

下图：布达拉宫。

不容易看到。人类的扩张在不断地蚕食野生动物的领地。

那些草场上的网围栏对野生动物的影响，越来越受到关注。在羌塘的一些地区，传统的游牧已经被承包固定的草场所取代，牧民们过上了定居的生活。这些改变伴随着牧民生活的改善，同时也带来了一些问题。传统的季节性游牧，能让草场在休牧期得到恢复，固定的草场将面临退化的危险。为了划分草场和防止野生动物与家畜争夺草料，牧民们在草场周围竖起了网围栏。一方面，网围栏内的草场不再属于野生动物，它们可用的食物减少；另一方面，网围栏是与公路类似的存在，割裂了栖息地，影响了野生动物的迁移。很多野生动物因为无法分辨这些围栏，撞上围栏或被挂住无法挣脱，导致受伤甚至死亡。如果牧民的牲畜被狼捕食，他们可以得到政府的补偿。但如果上百头藏野驴聚集在草场上啃食牧民的牧草，又没有相关的补偿政策，他们只能借助网围栏。类似的问题还有之前提到过的棕熊和人之间的冲突。虽然有宗教的制约，但从心理上，大多数藏族群众对这些直接危害自身利益的动物是不会有好感的。找到一套妥善的管理方式，改变这种被动的局面，激励生活在这里的居民，积极地参与到保护和合理利用这片土地中，是让这里的生态系统维持下去的一个好办法。

冈仁波齐

在整个区域生态中，西藏扮演着重要的角色。这个角色的线索可以追溯到西藏史前文化的古老传说中，而这个传说至今还吸引着不远万里来自全世界的朝圣者。一些宗教相信有类似于伊甸园的神山，最高峰上四面陡峭的崖壁，对应着罗盘的四个方向，从山顶流淌出四条河，分别流向世界的四方，正是这些河流滋润了整个世界，所以这座山峰被称为世界的中心。

在藏族聚居区一个比较偏僻的地区，有一座山叫冈仁波齐，它是冈底斯山的主峰，海拔6656米。冈仁波齐在藏语中是神灵之山的意思。冈仁波齐山峰形似金字塔，四壁非常对称，并

且四条主要的河流自山脚奔腾向远方。这四条河流在亚洲都非常知名，它们分别是在印度境内被称为布拉马普特拉河的雅鲁藏布江，流向巴基斯坦的印度河和萨特累季河，以及恒河的重要支流卡纳利河。由此，冈仁波齐山成为西藏最神圣、最受尊崇、最重要的朝圣之地。对于朝圣的人来说，这是从混沌通往彻悟的道路，信徒们相信绕着圣山转圈，可以洗去一生的罪恶，为来世积福。

绝大多数信徒会在藏历的重要节日去圣山朝圣，上千年来，信徒们聚集在冈仁波齐山下，庆祝萨噶达瓦节，纪念佛祖成佛。所有藏族的僧人都会来参加这盛大的庆典，场面很热闹，有音乐诵经和一些祈福活动。节日的高潮是竖起一根25米高的新装饰过的旗杆。事先准备好的上百面崭新的经幡被挂在旗杆上，最后活佛献上哈达，为整个庄严的仪式收尾。旗杆必须笔直朝上，否则将带来厄运。端正竖起的旗杆上，五彩经幡飞舞。此时此刻，人们的心声

下图：冈仁波齐峰形似金字塔。

上图（上）：四条大河从冈仁波齐发源，分别流向东、南、西、北四个方向。

上图（下）：冈仁波齐山在西藏有崇高的宗教地位。

与大自然的力量交汇在了一起。信徒们纷纷将祷告写在一种叫风马的纸上，然后撒到风中。风带着信徒们的祈祷和神往，向冈仁波齐圣山的峰顶飘去。在这里，天地人之间呈现出和谐而珍贵的美景。

关于神秘的山脉与河流，构成了世界中心的说法。虽然只是一个传说，但是青藏高原的山脉、冰川与河流等大自然共同引发的季风造福于人类，可以说是当之无愧的世界屋脊。青

上图：挂满经幡的旗杆正在被竖起。

藏冰川除了是长江、黄河、雅鲁藏布江、澜沧江的源头，它们还是恒河、湄公河、萨尔温江等河流的发源地。每年大量淡水从青藏高原流入黄河、长江，数亿人口得到滋养，青藏高原对亚洲的淡水资源和气候状况发挥着巨大的作用。地球上大约一半人口的生命寄托在这里。

在靠近珠穆朗玛峰顶峰的地带，成年为冰塔林所覆盖，但随着全球气候的变暖，已经有不少的冰塔林融化和消失了。2006年，联合国开发计划署在北京发布的《2006年人类发展报告》中指出，如果全球气候变暖如此持续下去，到2100年，西藏的大部分冰川将会消失，青藏高原的自然环境被看作是地球的气压计，未来这里发生的一切，都会影响到我们所有的人。

后页：冈仁波齐峰。

第二章

风雪塞外

北风卷地白草折，胡天八月即飞雪。
忽如一夜春风来，千树万树梨花开。
散入珠帘湿罗幕，狐裘不暖锦衾薄。
将军角弓不得控，都护铁衣冷难着。
瀚海阑干百丈冰，愁云惨淡万里凝。
中军置酒饮归客，胡琴琵琶与羌笛。
纷纷暮雪下辕门，风掣红旗冻不翻。
轮台东门送君去，去时雪满天山路。
山回路转不见君，雪上空留马行处。

——唐·岑参《白雪歌送武判官归京》

在岑参这首著名的边塞诗中，塞外的风雪奇景在诗人充满想象力的描摹中跃然纸上，显得雄浑壮阔又不失浪漫瑰丽。在中国古代，长城是中原王朝的边塞，越过长城就是"塞外"之地。长城以外的生存环境十分恶劣，冬天严寒刺骨，夏天酷热难当，还有大片缺水的荒漠。因此在古代诗人笔下，"塞外"这两个字往往是苦寒、险峻、萧瑟的代名词，与戈壁大漠、黄沙衰草、崔嵬雪山、狂风暴雪联系在一起。严酷的自然气候条件，使塞外之地与秀丽的江南水乡气质迥异，在文学作品中，塞外的形象粗粝甚至狰狞。

然而粗粝狰狞的自然环境并没有使这里黯淡无光，丰富的地貌、奇异的景观、有趣的生物和古老的民族，共同组成了多姿多彩的塞外风情。在长城之外的这片土地上，从东端的黑龙江到西端的新疆，随着降水渐渐减少，气候从湿润到干旱，景观从林海到草原，再到戈壁荒漠。多样的环境孕育了多样的生物，也塑造了当地人的生活方式。他们和野生动物克服了种种自然困境，应对生存的挑战，谱写了灿烂的生命华章。

长城

从大兴安岭东麓到青藏高原东缘，一条400毫米降水量线从东北斜向西南，它大致勾勒出了森林和草原的界限，也大致区分了中国今天的农业区和牧业区。中国历史上，这种自然条件的差异，同样催生了传统的农耕民族和游牧民族的分化，中国的北部和西北部，生活着逐水草而居的游牧民族。游牧的生活有很大的不确定性，气候恶劣而且多变，使得水草并不会总是那么丰美，于是草原民族向中原腹地伸延，希望从中原农耕民族中得到资源的补充。两种不同的生产方式，不同的经济、政治和文化，在边界地带频繁互动。纵观整个历史，这种互动并非都是和平友好的往来，而是冲突摩擦不断，狼烟战火时常笼罩着这些过渡地带。

下图：明长城。

中原王朝为了保护农耕经济，为了边疆的稳固安定，在边界筑起长城，阻挡草原民族的铁蹄。

长城的修筑，上溯至西周，一直持续到明清。先秦时期，诸侯争雄，各国筑长城互防。北接匈奴、东胡的燕、赵、秦等国的北界长城亦为防戎狄来犯。秦统一六国后，一个大一统的王朝必须肃清诸侯割据的局面，各国之间的长城被始皇帝下令拆除。而在帝国的北疆，以原有的燕国、赵国、秦国长城为雏形，筑起一道新的长城，抵挡匈奴南进。西起甘肃临洮、东至辽东的秦长城，绵延万余里，"万里长城"之称自此而始。到了汉代，在汉帝国与匈奴百余年的战争中，长城的修筑得到加强，长度更是达到近两万里，成为中国历代长城之最。后来，曾经强大一时的匈奴最终走向了衰落，鲜卑、柔然、突厥等少数民族代之而起。到南北朝时期，鲜卑等少数民族建立起北朝政权，这些政权仍然面对着北方柔然和突厥的威胁，因而北魏、北齐等政权都曾大规模修筑长城，成为少数民族修筑长城的开端。其后的隋唐至宋、辽、金、元，尽管长城内外的汉、突厥、契丹、党项、女真、蒙古等民族不断上演着此消彼长的力量更迭，但大部分时间里，长城的作用减弱，对长城的修筑也进入了低谷期。到明代建国后，长城迎来了又一个修筑高峰。成立之初的明王朝，北有残存的蒙古势力，东北有崛起的女真政权，筑长城被明太祖朱元璋视为当务之急。在明代的两百多年统治中，饱受边患困扰的明代统治者，几乎从未中断长城的修建。全长六千多千米的明长城，东起鸭绿江畔的辽宁虎山，西至甘肃嘉峪关。由于修筑的年代较晚，工程质量颇高，明长城是历代长城中保存最完好的，其中北京的八达岭、慕田峪、金山岭等段更是以极高的出镜率成为人们心目中长城的典型形象。值得注意的是，过去人们认为明长城的起点是山海关，事实上并非如此。只是山海关以东的长城工程比较简陋，如今已经仅存遗迹，因此山海关只是现存明长城的最东端。

历代围绕长城的地域争夺不断上演，在冷兵器时代，屹立在崇山峻岭之上的坚固城墙是最好的防御体系，它有效地抵挡了游牧民族骑兵的进犯，保障了中原地区政权的稳固，保障了农业的正常耕作、城市道路的畅通、文书的传递、商旅的交往、百姓的安居乐业。然而长城从没有真正成为不可逾越的屏障，完全割裂长城内外的民族。在战争与修好，入侵与反击，前进与退却中，不同的民族在这里交织碰撞。战争之外，商贸往来、文化传播和交融也同样在进行着。所以，长城的角色不仅仅是军事堡垒，长城沿线也是一条见证民族融合的纽带。

后页：位于河北滦平县境内的金山岭长城，这段长城以保存完好、防御体系健全著称。金山岭长城周围的山峦林海苍茫，起伏跌宕。登山远望，可将蜿蜒盘旋的长城尽收眼底，这段长城楼台密集且形式多样，极具观赏性。

风雪塞外 THE PLACE OF A BLIZZARD BEYOND THE GREAT WALL

赫哲族

渤海之滨，明长城与大海相遇的地方，屹立着它东端的第一雄关。这座关隘背依燕山之险，面临渤海之波，因而被命名为山海关。自明代建成以后，山海关渐渐成为中国人心目中的一个重要的地理界限，围绕山海关，出现了"关内""关外""关东"等地理概念。"关东"这个词，也渐渐从狭义的山海关以东的辽东地区，变成了对整个东北地区的习惯称呼。

东北，这个包括了黑龙江、吉林、辽宁三省和内蒙古东部的地区，有着复杂多变的地形，大兴安岭、小兴安岭、长白山脉在西、北、东三面纵横排列，围绕起中部地势平坦的平原，黑龙江、松花江、乌苏里江、嫩江几条大河流淌其间，冲积出了三江平原、松嫩平原的千里沃野。东北地区南临海洋，西、北与蒙古高原、西伯利亚高原相接，来自西伯利亚的冬季风和来自海洋的夏季风两股力量在这片阵地上此消彼长。冬季，这片区域在蒙古高压的控制下酷寒而干燥，到了夏季，来自海洋的暖湿气流带来热量和降雨。合适的水热条件使这里的群山被茫茫林海覆盖，成为中国最重要的林区之一——东北林区。林海雪原，也成为人们对东北地区植被和气候最直观的印象。林海中树干笔直挺立，向高伸展着身躯，状如座座尖塔，蔓延整个山野，透露着北方森林的气质。春夏季节，万木争荣，林海借着山飘荡的云雾染出一派青翠欲滴的浓绿。冬季，风雪降临，大地

上图（上）：东北山地的地形崎岖不平，难以逾越的峡谷遍布其中，温带针阔混交林在东北林区有着广泛的分布，图为长白山锦江峡谷附近的红松阔叶混交林。这条1987年才被发现的峡谷，是火山喷发形成的断裂杰作，峡谷两岸陡峭如削，怪石嶙峋，整条峡谷长六十多米，最深处垂直深度近两百米。

上图（中、下）：雾凇由空气中的水汽遇到冷的物体凝结而成，是东北地区常见的一种自然现象。雾凇挂满枝头，一树雪白仿佛玉叶琼花，给雄浑的北方森林增添了一种素雅静婉的气质。

一片银装素裹，寒冷和水汽携手，在林间施下一种叫"雾凇"的魔法，幻化出一幅"千树万树梨花开"的胜景。

东北丰饶的森林和大河，养育了独特的少数民族，鄂伦春、鄂温克、达斡尔、赫哲等民族在这片土地上以狩猎、捕鱼为业，形成了东北地区丰富的渔猎文化。他们中有的生活在兴安岭的密林之中，比如鄂伦春族、鄂温克族，狩猎是他们主要的生活来源。一部分生活在森林中的鄂温克人还形成了以饲养驯鹿为特征的狩猎生活方式。还有的民族依河而居，整个生活与江河中的鱼紧紧联系在一起，比如赫哲族。

赫哲族主要居住在黑龙江、松花江、乌苏里江交汇的三江平原地区，他们沿江而居，是一个以捕鱼著称的民族，"渔"是赫哲人生活的重心。赫哲族在世世代代的捕鱼生活中，体察和积累着关于江河和鱼类的知识。他们对水情和鱼类的习性了如指掌，他们甚至在长期的渔猎生活中发明了多达几十种捕鱼工具，能够根据各种不同的情况选择不同的工具和捕鱼方法，或大网，或小网，或钓，或叉。据说赫哲人的叉鱼堪称一绝，他们仅凭观察水草的动静或水面的波动，就能判断水下鱼的大小、位置、游动情况，然后看准时机下叉，弹无虚发。春秋两季，是赫哲人捕鱼的旺季，捕鱼的火热场景，就像乌苏里船歌里唱的那样："赫哲人撒开千张网，船儿满江鱼满舱。"而到了冬季，干涩的寒风从西伯利亚吹来,气温骤然降至-40 ℃，江面被厚厚的冰层覆盖。这个季节无法行船捕鱼，但东北地区的鄂温克、达斡尔、赫哲等民族都有在冰封的江面上凿冰捕鱼的传统捕。赫哲人传统的冬季捕鱼方法多种多样，但无论哪种方法，都要先将冰面凿开，以便投放渔具。冰面上凿出的孔洞被称作冰眼，冰眼附近的水体含氧量更高，能够将鱼类吸引过来。通过冰眼，捕鱼人可以在等待鱼经过时投叉捕鱼，也可以用鱼钩钓鱼，还可以下网捕鱼。"下挂子网"是冬捕中常见的方式之一，在这种捕鱼方式中，布设渔网是最繁重和最考验技术的工作。首先，捕鱼人必须根据网具尺寸和水流方向等情况选择合适的下网位置，然后在冰面上开两个相距二十米左右的冰眼。之后两人配合将网布入水

下图（上）：冬季，黑龙江上的冰层厚度能达到一米多甚至更厚，坚实的冰面上，自行车成了便捷的交通工具。

下图（下）：冬季，赫哲人在冰封的黑龙江上凿冰捕鱼，捕鱼人正在向水中布设渔网。

中：一人将悬有重物的绳子放入其中一个冰眼中，另一人将一根长竹竿从另一个冰眼中伸入水中，并用竹竿顶端的钩子勾住垂在水中的绳子，牵引着绳子从放置竹竿的冰眼中穿出。渔网与绳子连在一起，通过拉动绳子，即可将在冰层之下的网牵引到适当的位置。如果网比较长，竹竿的长度不足以一次完成牵引，那么就需要凿更多的冰眼，使第一个冰眼和最后一个冰眼之间的距离足够让渔网伸展开，而相邻两个冰眼之间的距离在竹竿可及的范围内。穿绳子的过程也更复杂，需要多次重复上述过程，用竹竿牵引绳子逐次穿过每一个冰眼，直到绳子的前端到达最后一个冰眼。网布好几天之后，捕鱼人会来检查网中的收获。

擅长捕鱼的赫哲人自然也是吃鱼的行家，捕获的鱼可以切成鱼片、鱼丝，配蘸料生吃或配各色食材凉拌，还可以做成鱼汤、熏鱼、烤鱼、鱼干、鱼肉松，做法千变万化，以不同的方式尽显鱼的鲜美。赫哲人不仅把鱼做成各种美味佳肴，还巧妙地利用鱼身上一切可以利用的东西：鱼骨被做成扣子、头饰、项链、骨箭、骨匙……经过处理的鱼皮被做成精致的衣物、靴子、容器、日历、剪纸、鱼皮画，因此赫哲人在历史上曾被称为"鱼皮部"。过去，赫哲人甚至用鱼纪年，他们从每年捕获的大麻哈鱼中取出一只鱼头，晾干悬挂，挂几个鱼头，就代表着过了几年。赫哲人的渔猎，和因此形成的鱼文化，在中国的56个民族中独树一帜，再无二家。

在赫哲人捕获的鱼中，大麻哈鱼、鲟鱼等是主要的种类。说到大麻哈鱼，就不得不解释几个彼此相关但容易混淆的词：大麻哈鱼、鲑鱼、鳟鱼、三文鱼。鲑鱼可以作为鲑形目鲑科鱼类的统称，鲑科鱼类包含了十多个属，例如广泛分布于太平洋北部的大麻哈鱼属（或称太平洋鲑属、主要分布于欧洲的鲑属、环北极分布的红点鲑属、主要分布在淡水河湖中的白鲑属，等等。所有的鲑科鱼类都在淡水水域中繁殖，但很多种类的鲑鱼会在海洋中度过生命中的大部分时光，这些鲑鱼在淡水江河中出生，并在这里度过它们生命的最初阶段，然后降河入海，在海洋中生活一年至数年，直到性成熟时，再溯江河而上回到淡水中产卵，卵孵化出的下一代鲑鱼又会重复这种入海生长再回到淡水繁殖的过程，如此周而复始。

鲑鱼的这种迁徙是典型的洄游行为，鱼类的洄游是鱼类出于各种目的，主动进行的一种的定期、定向、集群的水平迁移（水平的意思，即并非在不同深度上进行的垂直迁移）。例如成年鲑鱼洄游的目的是生殖，是一种生殖洄游；而对于幼鱼来说，它们进入海洋能够获得足够的食物，因此它们的洄游算是一种索饵洄游。成年鲑鱼的生殖洄游，是沿着从海洋进入内陆河流的方向进行的，因此从方向性上说，这又是一种溯河洄游；而幼鱼的洄游是由河入海，是一种降海洄游。并不是所有的鱼类都会在海陆之间洄游，有些鱼类的洄游全程在海洋中进行，被称为海洋洄游，如金枪鱼；还有些鱼类的洄游是在不同的淡水水体之间移动，即淡水洄游，如青、草、鲢、鳙四大家鱼。

鲑科中的另一些种类并不会在海水和淡水之间洄游，而是终生生活在淡水之中。大麻哈鱼属、鲑属和红点鲑属中那些终生在淡水中生活的物种，在英文中被称为 trout，即鳟鱼。而三文鱼这个词，是对英文 salmon 一词的音译。在英文中，salmon 通常指大麻哈鱼属和鲑属中有典型溯河洄游的种类；pink salmon，即大麻哈鱼属中的驼背大麻哈鱼；masu salmon，即同属的马苏大麻哈鱼；Atlantic salmon，即鲑属中最著名的物种大西洋鲑。正如在这几个例子中看到的，英语中的各种 salmon，在汉语中通常被翻译为"某鲑"或"某大麻哈鱼"。那么三文鱼这个名字又是怎么回事呢？首先，三文鱼并不是一个生物学名称，只是一种商品名。其次，汉语的"三文鱼"这个词并没有英文 salmon 这么广的含义，严格来说汉语中的"三文鱼"仅指大西洋鲑这个物种。只不过随着市场的发展，很多商家开始把其他鲑科鱼类称作

上图：鲑鱼的鱼肉和鱼子中富集的类胡萝卜素让它们呈现红色。

下图：大麻哈鱼属的虹鳟，虹鳟有很多不同的类型，有的类型进行溯河洄游，有的类型终生生活在淡水中，淡水类型的虹鳟有大量人工养殖。虹鳟与大西洋鲑是两种不同的鱼，但在中国市场上，虹鳟被一些商家作为"三文鱼"出售。

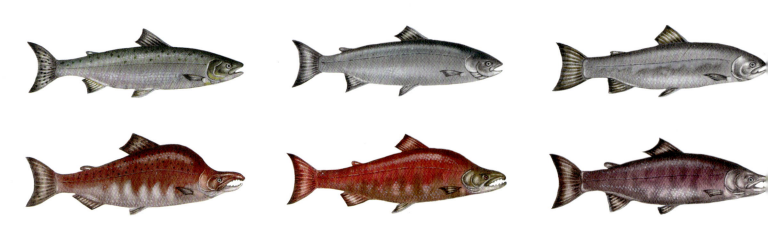

上图：大麻哈鱼属的鱼类在繁殖期间形态发生明显的改变，图中从左至右分别为驼背大麻哈鱼、红大麻哈鱼和马苏大麻哈鱼，上排是各种大麻哈鱼在海洋中生活时的形态，下排是繁殖期雄鱼的形态。

后页：进入河流繁殖的大麻哈鱼。

三文鱼来进行宣传和出售，如大麻哈鱼属的淡水鱼虹鳟。虽然虹鳟在肉质、营养方面都是不错的食用鱼类，但把众多不同物种都冠以同一个名字的做法，除去潜在的价格欺诈（如以低价的虹鳟冒充高价的大西洋鲑），同时还可能给食客们带来一些风险：虹鳟作为一种淡水鱼，体内可能携带多种寄生虫，如果像三文鱼（大西洋鲑）一样生食，可能有被感染的风险。

广义的大麻哈鱼，可以指大麻哈鱼属的诸多溯河洄游鱼类；而狭义的大麻哈鱼，则专指大麻哈鱼属的大麻哈鱼这一物种，赫哲人所捕的大麻哈鱼即为此种。大麻哈鱼在整个太平洋北部有广泛的分布，从北美的加利福尼亚、不列颠哥伦比亚、阿拉斯加，到亚洲的俄罗斯、朝鲜半岛、日本、中国的水域。在中国，大麻哈鱼主要分布在黑龙江（黑龙江水系包括黑龙江及其支流松花江、乌苏里江等）、绥芬河、图们江水系。每年秋季，大麻哈鱼由太平洋海域溯河进入上述水系中繁殖，因而又被俗称为秋鲑。关于"大麻哈"这个名字的来源众说纷纭，大都与生活在东北地区的渔猎民族有关，如有一种观点认为"大麻哈"来自赫哲语音译；还有一种说法是，"大麻哈"来自满语"刀依嘛哈"的音译，意思是"其来有时"，意指大麻哈鱼一年一度的洄游，每到秋季便如约而至。大麻哈鱼属的一些鱼类洄游时的场景十分壮观，如红大麻哈鱼集群洄游时，密集的红大麻哈鱼将河流染成一片红色。据说早年间赫哲人也能在黑龙江中见到这种盛况，密密麻麻的大麻哈鱼在江中逆流行进，远远望去黑压压一片，传说

人甚至能够踩着鱼背过江。

鲑鱼在繁殖期间会"改头换面",与在海洋中时"判若两鱼"。例如大麻哈鱼在海洋中时,身体呈现银青色,而进入淡水中繁殖时,身体变为深橄榄绿色,接近尾的部分有深紫色的不规则条纹;红大麻哈鱼在海洋中也是低调的银青色,而在繁殖季节时身体会变成热烈的红色。另外,大麻哈鱼属鱼类的雄鱼在繁殖时吻部发生显著的变化,牙齿增大,上下颌变成钩状,因此大麻哈鱼属也被称为钩吻鲑属。一些研究者认为,雄鱼的这些变化可能与繁殖期间的配偶竞争有关,拥有更大下颌的雄鱼可能会得到更多的交配机会。鲑科鱼类是肉食性鱼类,以水中的甲壳类、昆虫、小型鱼类等为食。通过捕食这些动物,鲑鱼获得了猎物体内的虾青素、黄角素等类胡萝卜素。鲑鱼能将这些类胡萝卜素富集在肌肉细胞、卵等部位,这就是为什么很多鲑科鱼类的鱼肉和鱼卵呈现出红色。

鲟鱼是赫哲人常捕的另一类鱼。鲟形目鱼类是一群非常古老的生物,它们在地球上的出现可以追溯到两亿多年前的三叠纪。现存的鲟形目鱼类只有两科二十多种,中国有其中八种,例如长江水系中著名的中华鲟和白鲟。前者属于鲟科,而后者属于匙吻鲟科。匙吻鲟科以奇特的吻部得名,这个科只有两个现生物种,中国特有的白鲟是其中之一,另一种是生活在密西西比水系的美国匙吻鲟。中国拥有鲟科鱼类中的两个属,即鲟属和鳇属,因此人们常将鲟、鳇并列,称鲟科鱼类为"鲟鳇鱼"。在黑龙江

右图:成群的红大麻哈鱼溯河洄游的盛况。

THE PLACE OF A BLIZZARD BEYOND THE GREAT WALL 风雪塞外

上图：溯河洄游的大西洋鲑逆流而上，洄游的鲑鱼遇到障碍时奋力跃起的场面成为河流中的一道风景线。在所有鲑鱼中，大西洋鲑是养殖产量最大、市场知名度最高的种类，汉语中"三文鱼"这个商品名，严格来说指的就是大西洋鲑，但现在很多商家将其他种类的鲑鱼也纳入了"三文鱼"这个名字的范畴内。

上图：美国匙吻鲟，匙吻鲟因奇特的吻部得名，匙吻鲟科只有两个现生物种，美国匙吻鲟和中国的白鲟。

上图：长梭形的身体和身体纵向排列的5列骨板，是鲟科鱼类典型的特征。鲟科鱼类的口在头部的腹面且能够伸缩，口前有触须，这与它们摄食水底生物的习性相适应。鲟属是鲟科中最大的一个属，长江水系的中华鲟、黑龙江水系的史氏鲟，都是这个属的成员。图为鲟属的小体鲟，在新疆额尔齐斯河有分布。

水系中的鲟科鱼类，有史氏鲟和达氏鳇两个种。鲟形目中的一些鱼类以体型巨大著称，达氏鳇就是个典型代表。达氏鳇又称鳇鱼，它所在的鳇属仅有两个物种，即达氏鳇和它生活在欧洲的近亲欧洲鳇。鳇鱼主要分布在黑龙江水系中，以前黑龙江中200～500千克的鳇鱼很常见，鳇鱼的最大体重记录在一千千克左右。捕到一条两百多千克重的鳇鱼，足够一户赫哲族人家几个星期不愁吃喝。然而如今体型巨大的鳇鱼已经很少见了，从19世纪末到20世纪末的近百年间，鳇鱼的数量下降了80%甚至更多。随着鳇鱼子价格的攀升，大量成年鳇鱼被非法捕捞，致使鳇鱼的平均年龄逐年下降，成年鳇鱼几乎绝迹。1994年以后，达氏鳇在IUCN（世界自然保护联盟）濒危物种红色名录中的濒危级别不断提升，如今已升至极危。

事实上，受到过度捕捞威胁的不仅仅是鳇鱼，也不仅仅局限在黑龙江流域，全世界的许多水域都面临着渔业资源如何合理开发的问题。目前，设定一段时间的禁渔期，以保证水生生物度过繁殖期，是避免"赶尽杀绝"式捕捞的有效方法。禁渔期使水生生物能够得到一

上图：鳇鱼的近亲欧洲鳇。

上图：如今体型巨大的鱼已经非常罕见，即使捕到这样的小鱼也算不错了。冬季寒冷的天气是天然的速冻保鲜方法，捕上来的鱼几秒钟就被冻住了。

时喘息之机，但毕竟不能从根本上解决问题。人工增殖放流是一种常见的应对渔业资源枯竭的做法，即在天然水体中投放人工繁育的水生动物幼苗或成体等，以达到增加种群数量的目的。例如大麻哈鱼这类在太平洋北部被广泛捕捞的经济鱼类，为了应对长期过度捕捞引起的资源衰退，美国、加拿大、俄罗斯、日本、中国等各国都进行了相关物种的增殖放流。增殖放流对保证渔业捕捞产量有重要的意义，同时为增殖放流进行的人工饲养和繁育方面的研究，也相当于一种迁地保护，在饲养条件下为野生鱼类保留下人工种群。然而增殖放流也存在一些问题：人工饲养个体在野生环境中的生存能力往往不高，放流后能否成活存在很大的不确定性；人工饲养的个体往往遗传背景单一，即使能够实现个体数量的增加，也很难增加种群的遗传多样性，甚至可能引起对野生种群的基因污染；人工饲养个体还有可能将外来的疾病和寄生虫等带入自然水体，威胁原本野生种群的生存。另外，过度捕捞只是引起经济鱼类数量急剧下降的原因之一，水体的污染、流域生产和建设活动产生的人类干扰等，都是不容忽视的原因。如何维持相对稳定的野生鱼类种群，实现渔业资源的可持续利用，是世界范围内亟待解决的问题。

野猪

广阔茂密的森林不仅养育了独特的民族，也为野生动物提供了丰富的食物资源和良好的栖息环境。东北地区的森林，一年中有超过一半的时间被白雪覆盖。冬季，森林万籁俱寂，大多数动物进入冬眠，或者早已迁到南方越冬，但也有例外：一些不迁徙的留鸟仍然活跃在林间，例如普通䴓（shī）；还有一些不冬眠的兽类，也在冬季的雪地里四处寻找食物，比如野猪。

野猪是家猪的野生近亲，但野猪与经过长期驯化的家猪比起来，外形有明显的不同。野猪比家猪更加精干轻捷，看起来更有野性，雄性野猪还有獠牙。野猪的吻部更长，前腿以后的部分则比较短，而家猪前腿之后的部分很长，能占到身体的七成。野猪幼年时身上有深浅相间的条纹，成年后全身都变为黑色或深褐色；而家猪常见的颜色有黑色、白色，或有黑白相间的斑块等。家猪的耳朵常大而下垂，野猪的耳朵相比之下更小且直立。相对于体型，野猪的眼睛很小，它们的视力不佳，但嗅觉却非常灵敏，能在冬季嗅到雪被覆盖下的食物。

野猪是适应性很强的野生动物，其栖息地遍及从热带到温带，从湿润到干旱，从森林、

THE PLACE OF A BLIZZARD BEYOND THE GREAT WALL 风雪塞外

灌丛、草原到荒漠的各种环境。野猪能适应广泛的环境，原因之一是它们的食性。野猪跟牛、羊等动物一样，都属于偶蹄目动物，但牛、羊是典型的食草动物，它们拥有消化草食的终极武器——反刍，因此它们是偶蹄目中反刍动物的代表；而猪是杂食动物，是偶蹄目中不反刍类型的代表。野猪常常集群游荡于各种各样的栖息地，用它们灵敏而有力的鼻子嗅闻和挖掘地表下的食物。野猪们有着长长的食谱清单，随着季节的变化，它们的食谱也在做着相应的调整。在东北地区，春季鲜嫩的植物茎叶，夏秋季节的各种果实种子、菌类，包括成熟的农作物，都是它们喜爱的食物。在长达半年的积雪覆盖期里，严酷的生存环境让野猪饥不择食，几乎吃掉刨出来的所有东西。低湿的草地和阔叶林下是很好的觅食地点，这些地方往往能找到蕨类植物和埋在雪下的核桃、榛子等果实。山核桃这种极富热量的食物特别受野猪们欢迎，不过如果一头幸运的野猪找到了一颗山核桃，它的麻烦也会随之降临——它将不得不应对其他野猪的抢食。

尽管时常为食物相互争夺，但出于繁殖、觅食、防御敌害等需要，野猪们仍然会结成各种各样的群体，过着群居生活。秋末初冬是野猪的发情季节，受到荷尔蒙的感召，野猪们形成了交配群体，雄猪之间会经过一番为争夺配

下图：普通䴓是种不迁徙的鸟类，冬季仍然活跃在北方寒冷的森林中。普通䴓的分布遍及亚欧大陆的温带地区，在中国，包括东北在内的很多林区都很常见。这种鸟的体长大约十几厘米，主要以昆虫为食，在树干、树枝上觅食，经常敲啄树木，觅食树皮缝隙里的昆虫；在昆虫不丰富的秋冬季节，它们会吃一部分种子或坚果。䴓科鸟类有一种独特的习性，它们爬树时，常常像图中这样双脚一高一低地攀在树上，还能头朝下向下攀爬。

偶进行的争斗，最终形成一雌一雄的配对，交配期将延续四五周。第二年春天，受孕的雌性野猪产下幼崽，野猪"妈妈"和它的幼崽们将组成紧密的母子群体，野猪"妈妈"会照顾小野猪直到它们能独立生活。雄性小野猪往往会在春季野猪"妈妈"再次生产前，离开母子群体"独闯天涯"；而一两岁大的同胞雌性小野猪们，则可能聚集在一起过群体生活，到它们性成熟，发情交配后，群体就会解散，这些"准妈妈"们将各自独栖，生儿育女，组建新的母子群体。有时，野猪们仅仅是被共同的食物吸引到一起，各种类型的群体或者独居的野猪，一起来到有着丰富食物的场所觅食，集群而食，同域而栖，但分散居住。当某个区域因为食物短缺等原因不再适合栖居时，野猪们还会结群迁徙。集中而丰富的食物和天敌带来的压力，都可能促使野猪形成更大的群体。形成群体的野猪可以共同警戒，及时发现危险。不过野猪在森林中的天敌并不多，以成年野猪的体型、战斗力和顽强的反抗精神，少有动物能对它们构成威胁。在东北地区，野猪与熊、虎一起，跻身对人类来说最危险的三大动物之列。据说，

下图：与家猪（上）相比，野猪（下）的身体看起来更精干，吻部更长，耳朵小而直立。猪是偶蹄目动物，"偶蹄"的意思是它们有偶数的趾，且趾端有蹄。偶蹄目动物的第一趾（大拇趾）已经退化消失；第二趾和第五趾退化变小且向后，在很多种类中这两趾的蹄不落地，称为"悬蹄"；第三趾和第四趾高度发达，被称为"主蹄"，身体的重量主要由主蹄承担。

下图：野猪不冬眠，冬季它们可以用长而有力的吻部挖掘出雪下的食物。

野猪还会在松树上蹭一身松脂,再混上沙土,反复摩擦形成一层硬壳,作为保护自己的"盔甲"。然而如果它们遭遇的是东北虎,那传说中的"盔甲"恐怕也派不上什么用场。

后页:动物往往会出于合作觅食、共同警戒等目的集群生活。对于野猪来说,群居会带来一些群体内的竞争,比如食物争夺;但也有很多好处,如它们可以彼此贴近取暖,共同抵御严寒,还可以共同警戒,及时发现危险。野猪幼崽的毛色与成年野猪不同,幼崽的背上有深浅相间的条纹。

下图:两头雄性野猪在雪地里打斗,雄性野猪具有獠牙,这是野猪与家猪显著的区别之一。

风雪塞外　THE PLACE OF A BLIZZARD BEYOND THE GREAT WALL

森林之王

虎,陆地上最大的食肉动物之一,也是现存最大的猫科动物,虎的体重可以达到三百多千克。虎是猫科动物中最容易辨认的成员,拥有猫科动物特有的"条纹款"外衣:在橙黄、橙红或者红棕色的毛皮上,黑色的条纹竖直排列,一直延伸到白色的腹部。圆棍状的尾巴超过头体长的一半,上布十条左右黑色环纹。额头上一个"王"字,双眼上方有亮白色的区域。因此古人常有"吊睛白额""斑斓猛虎"的描述。

目前已知最早的虎化石出自一百多万年前的更新世地层,在之后的一百万年时间里,虎以强大的运动能力迅速向外扩散,遍布亚洲大部分地区。从热带、亚热带、温带到寒温带,从热带雨林到寒温带针叶林,从荒漠到海岛,虎非常成功地适应了亚洲的各种生境。在各种不同环境中的生活,使虎发展出了很多变异,但这些变异是在很短的时间里发生的,远远没有达到成为独立的物种的水平,因此所有的虎都是同一个物种。而在亚种水平上,围绕虎的亚种的争议一直存在。传统上,虎被分为8个地理亚种:生活在中国东北、俄罗斯远东地区和朝鲜半岛的东北虎,西亚、中亚地区以及蒙古国、中国新疆的里海虎,中国南方地区的华南虎,中南半岛和中国西南地区的印支虎,印度次大陆和西藏南部的孟加拉虎,仅分布在苏门答腊岛的苏门答腊虎,仅分布在爪哇岛的爪哇虎和仅分布在巴厘岛的巴厘虎。后来,基于

上图:虎双眼上的区域呈亮白色,在中国古代的一些文学作品中,常以"吊睛白额"来形容。

后页:东北虎又称西伯利亚虎、阿穆尔虎,主要栖息在俄罗斯远东地区和中国东北地区的针阔混交林环境中。东北虎的毛色比虎的其他亚种都要浅,尤其在冬季,毛色接近乳黄色,且被毛较长,这有利于它适应寒冷的生活环境。

遗传学的证据,生活在马来西亚和泰国南部的虎被从印支虎中分立出来,成为一个新的亚种——马来虎。而最新的研究将虎划分成两个亚种:大陆虎和巽他虎,前者包括东北虎、里海虎、华南虎、印支虎、孟加拉虎、马来虎这些生活在亚洲大陆的类型,后者包括苏门答腊虎、爪哇虎、巴厘虎这些生活在岛屿的类型。对于可能已经野外灭绝的华南虎来说,这也许是个好消息,因为这意味着印支虎也许可以用来帮助恢复华南虎种群,而不再被仅剩的几个笼养个体的近亲繁殖困扰。

虎所在的豹属,云集了猫科动物中最令人生畏的几大猎手:虎、狮、美洲豹、豹和雪豹。拥有如此显赫的"家世",虎也是不折不扣的

猎杀能手。虎是少数几种能以比自己身体大几倍的动物为食的食肉者之一。野猪、狍子和鹿等有蹄类是它们主要的食物，甚至有记录显示它们可以杀死亚洲黑熊和棕熊。与其他猫科动物一样，虎是擅长伏击的捕食者，身上的花纹可以很好地隐藏行踪，足下的趾垫能尽量降低行走时的声音。当猎物进入有效的伏击范围以后，它们会找准时机，发动突袭，用有力的前肢扑向猎物，咬住猎物的咽喉或后颈，一招毙命。虎的头部结构将杠杆原理发挥到了极致：它们的头骨很大（动力臂长），而上下颌比较短（阻力臂短），这种省力杠杆的构造就像一把老虎钳，当虎的上下颌闭合时，强大的肌肉瞬间发力，能产生巨大的咬合力。再加上一副锋利的牙齿，它们可以咬断猎物的颈椎和喉管。

除了交配繁殖时，虎通常都是独来独往。虎的捕猎是机会主义的，它们有时会花很长时间寻找大型猎物，成功捕食一次就够吃很长时间。当它们离开没吃完的猎物时，会用树叶和草把食物盖上，以免其他动物来分食自己的猎物。虎的搜寻范围很大，可以达到每晚 30 千米。虎在各自的领域里搜寻食物，领域的大小由猎物的丰富程度决定。在食物丰富的热带地区，繁殖中的雌性虎占领十几到几十平方千米的领域，不同个体的领域之间只有很小的重叠。在黑龙江地区，由于食物较少，繁殖期的雌性虎

右图：孟加拉虎主要栖息在热带、亚热带地区的森林、沼泽、沿海红树林等环境中。与东北虎相比，孟加拉虎的毛色更深，有时带有红色色调，被毛短而亮，身上的黑色条纹细长清晰。

需要几百到上千平方千米的领域面积，相邻领域间的重叠很大。通常"邻居们"会相互回避，不在同一时间出现在重叠区域觅食。

在中国乃至整个亚洲文化中，或许没有哪一种现实存在的走兽，能像虎一样拥有如此重要的文化地位。早在史前时代，虎就出现在了原始人的岩画中。青铜时代，虎的形象大量出现在青铜器中，那些被抽象化了的虎形象，透着一种具有震慑力的威严。此时的人类还很弱小，而勇猛强壮的虎，就像一种难以战胜的自然力量的代表，人类对它既畏惧又崇敬。虎因此成为一种图腾或原始崇拜的对象，被赋予了一种神秘的色彩。

后来，虎强大的力量拥有了越来越多的象征意义和文化内涵。被视作百兽之王、镇山之主的虎，成了权利和力量的象征。人们将勇武的虎与军事力量联系在一起，将调动军队的兵符做成虎形，军中的营帐被称为虎帐，骁勇的战将被称为虎将，剽悍的勇士被称为虎贲。虎矫健的身姿让人着迷：龙腾虎跃、龙行虎步是一种不凡的气度；人类模仿虎的动作创出了强身健体的五禽戏、搏击格斗的虎拳。在民俗中，虎是辟邪的神兽，民间的剪纸、刺绣、泥塑、年画……虎的形象无处不在，承载着人们抵挡厄运和灾祸的祈盼。而孩子们穿的虎头鞋、戴的虎头帽、玩的老虎布偶、睡的虎枕，也都带着来自长辈们的祝福，希望他们健康成长，虎头虎脑。虎的形象并不总是正面的，作为一种经常吃人的动物，虎也成为人类心目中凶狠残暴的象征。例如暴虐的统治被称为"苛政猛于虎"，助人作恶是"为虎作伥"，纵容坏人是"养

上图：铸造于战国时期的杜虎符，现藏于陕西历史博物馆，虎符是当时用于调兵遣将的一种凭证，以铜铸成虎形，分为两半，一半存于朝廷，一半发给地方长官或军事将令，朝廷调动军队时，遣人持符前往，左右两半虎符相合，方能生效。杜虎符现仅存左侧一半。

虎遗患""放虎归山"，凶险之地是"龙潭虎穴"，虎对人类"虎视眈眈"，人类因此"谈虎色变"。

人与虎的关系，也逐渐发生了变化。作为信仰和崇拜对象的虎，成为一种只存在于思维层面的文化符号。而在现实中，则是另一回事：一方面，虎对人类的生命安全造成了极大威胁，虎成了"害兽"，打虎的人成了英雄；另一方面，虎皮作为身份地位的象征得到权贵们的青睐，虎身体的各部分都被认为有药用价值，其具有的不菲的经济利益让猎虎成了一部分人的生计所在；而在那些不为生计，纯粹为了休闲娱乐甚至炫耀而进行的狩猎活动中，猎到虎这种猛兽，被视作一种无上荣光。人和虎的力量对比，最终发生了逆转。

虎遍布亚洲的盛世早就成为过往，传统的8个亚种中，巴厘虎、爪哇虎、里海虎已经灭绝，华南虎也已经被认为野外灭绝，其余亚种都面临着严峻的形势。曾经数以十万计的猛兽，今

上图：中国北方常见的传统泥塑老虎玩具。

天只有不足四千个野外个体。目前野生东北虎的数量大约在五百只左右，其中绝大部分都在与中国相邻的俄罗斯远东地区，中国境内只有二十多只。虎的悲剧，无疑是人类酿成的。人类扩张导致的栖息地丧失，是包括虎在内的很多野生动物数量锐减的终极原因。在东北，虎所依赖的森林曾长期遭到大面积、超强度的砍伐。偌大的东北林区，已经在人类的开发中支离破碎，难以支撑虎巨大的家域。栖息地的破碎化是目前东北虎面临的主要问题。虎面临的其他问题，还有偷猎，人类对食草动物的猎杀引起了东北虎的食物短缺，同时那些用来盗猎的猎套、兽夹等非法工具，也对东北虎构成了直接的威胁。2016年，《东北虎豹国家公园体制试点方案》被审议通过，方案计划将东北虎目前破碎的分布区和潜在分布区以生物廊道连接起来，这也许是东北虎命运的一个转机。

对于东北虎这样野生个体岌岌可危的动物，异地保护是最后的办法。在异地保护中，将野生动物圈养在人工条件下并不是最终目的，将人工繁育的个体重新引入它们的原生环境，恢复野外种群才是终极追求。但圈养动物的野化和放归也往往是异地保护中最困难的工作。在黑龙江海林的横道河子猫科动物饲养繁育中心，人工饲养的东北虎从最初的几只发展到现在的千余只。讽刺的是，在野生东北虎苦苦挣扎的同时，这里的东北虎因为资源有限，不得不进行"计划生育"。这些在人类照料下的兽中之王，仍然不失从祖先那里继承来的威风凛凛，但它们离回归山林，成为真正的野兽，还有多远？

下图：横道河子猫科动物饲养繁育中心的东北虎。

林海之舟——驯鹿

东北的森林一直延伸到中国、俄罗斯和蒙古国三国交界的地方，一种奇特的动物就生活在这里，它们是驯鹿。驯鹿被称为"四不像"，人们认为它们头似马而非马，角似鹿而非鹿，身似驴而非驴，蹄似牛而非牛。也许是因为在信息传递还不发达的年代，对于大部分中国人来说，驯鹿这样的动物难得一见，于是人们用一些常见动物的特征来形容驯鹿奇特的外形，就有了"四不像"这样的称呼。驯鹿当然有诸多"不像"，因为它们最像的是自己。

大多数鹿科动物都只有雄性有角，驯鹿则不然，驯鹿的雌雄个体都长角着一对珊瑚一样的角，雄鹿的角比雌鹿更加粗大。驯鹿角从基部附近分为两叉，前叉几乎水平向前，也可以有分枝，常常呈掌状；后叉更长，向前弯曲，通常分枝也更复杂。鹿角是群居的驯鹿用来护卫群体觅食领域的武器。驯鹿的角每年都会更换，新长出的角外有一层茸毛，看起来比较圆润。秋冬季节，鹿角骨化，外层的茸毛脱落，一副坚硬锐利的角显现出来，雄鹿将用它们投入到争偶打斗中去。到了第二年春天，骨质的旧角会整体脱落，新的茸角将再次长出。

从北欧、东北亚到北美，驯鹿在环北极地区的苔原和泰加林（由云杉、冷杉、落叶松等树种组成的寒温带针叶林，林中的树木往往呈纤细通直的尖塔状）环境中有广泛的分布，对于高纬度的生活环境，它们显然很适应。秋季，驯鹿开始换上颜色较浅、厚实保暖的冬毛，以度过极端寒冷的冬季；晚春，它们的冬毛脱落，生长出褐色的夏毛。驯鹿的脖子下面有一排浅色的长毛，看起来就像一条"大围巾"。驯鹿的蹄拥有宽阔的掌面和灵活的关节，对驯鹿来说是个称手好用的多功能工具。它们主蹄后的悬蹄也可以落地，这使得与地面的接触面积增加，从而减小了压强，非常适合在松软的苔藓和雪地上行走，能够应付复杂的地面环境。驯鹿是游泳健将，蹄子在游泳时便成了划水的桨叶。觅食时，驯鹿宽大的蹄子像铲子一样，可以娴熟地刨开积雪获取食物。驯鹿的鼻腔发达，鼻腔中的特殊结构增大了其内表面积，可以很好地预热吸入的冷空气。驯鹿的嗅觉很敏锐，即使食物埋在几米深的雪下，它们也能找得到。柔嫩多汁的苔藓、地衣，尤其是石蕊类地衣，是驯鹿经常吃的食物，在食物匮乏的冬季，这些是它们主要的食物，而在其他季节，驯鹿总能找到别的食物为自己加餐：春夏季节，鲜嫩的草和树叶是不错的选择；秋天，驯鹿还会吃蘑菇。

在挪威驯鹿中开展的研究发现，驯鹿能够看到紫外光，它们眼睛中的一些结构还能够随季节调整，这对驯鹿适应极地附近的生活是很有意义的。对生活在极地附近的动物来说，光线条件随着季节变换进行着戏剧性的变化：夏

后页：驯鹿每年换角，生长过程中的新角内部有丰富的血管，外面包裹着一层茸毛，看起来比较圆润，就像图中这样。

THE PLACE OF A BLIZZARD BEYOND THE GREAT WALL 风雪塞外

THE PLACE OF A BLIZZARD BEYOND THE GREAT WALL 风雪塞外

季有极昼，冬季有极夜，春秋季节太阳长时间悬在地平线附近，散发着昏暗的光线。极地的太阳高度角很低，这意味着太阳光受到大气散射的程度很高，而其中的短波成分，如紫外线、紫光、蓝光，是更容易被散射的部分。尤其在冬季和春秋季节，紫外光成了太阳辐射主要的组成部分。这种情况对于只能看到可见光、夜视能力又不强的人类来说，就无能为力了，但驯鹿就能够看到一个不一样的世界——食物、天敌和迁移路上的路面状况在紫外光下都更加容易辨认。很多动物的眼睛中都有一个叫作明毯（或译成照膜等）的结构，它能够把入眼的可见光反射给视网膜，使得投射到视网膜上的光线增强，以利于视网膜上的光感受器的接收。这个结构的存在，赋予了很多动物发达的夜视能力，也正是这个结构让动物们在夜视相机下拥有了一双亮闪闪的"钛合金眼"。人类的眼睛并没有这个结构，而驯鹿有。研究发现挪威驯鹿的明毯在夏季是金色，能够将大多数光线反射向视网膜；冬季变为蓝色，同时冬季视网膜对光线变得更加敏感，更加适应黑暗且短波丰富的冬季。

为了追逐合适的食物和气候条件，环北极地带的驯鹿每年都会进行迁徙。欧洲北部的拉普兰德地区横跨挪威、瑞典、芬兰三国北部和俄罗斯西北部，这里的几个驯鹿种群每年沿着

左图：秋季，驯鹿的新角长成，角骨化变硬，外面的茸皮逐渐脱落，露出尖锐的骨质角，有时驯鹿也会用角在树上摩擦以蹭掉茸皮。图中这头驯鹿角上的茸皮正在脱落。

上图：一群驯鹿在秋季迁徙途中渡过一条河流，驯鹿能游泳，它们宽大的蹄子在游泳时可以充当划水的桨叶。

THE PLACE OF A BLIZZARD BEYOND THE GREAT WALL　风雪塞外

上图：驯鹿拥有优秀的负重能力和耐力，驯鹿拉雪橇是环北极地区重要的传统运输方式。

各自的路线，在相距约四百千米的越冬地和海滨夏季牧场之间往返迁徙。夏末秋初，苔原带的植物枯萎，水分冻结，驯鹿开始向南迁徙，进入针叶林带越冬；春末夏初，它们又迁回北方的冻土地带。迁徙的鹿群秩序井然，由年长的识途老鹿带路，常常雌鹿在前，雄鹿在后。蜿蜒的队伍浩浩荡荡，它们穿越陆地和海湾，像一条巨蛇游移在茫茫冰雪和滔滔海水中。它们行色匆匆，甚至无暇觅食，整个迁徙将消耗大量的脂肪积蓄。怀孕的雌鹿将在夏季牧场附近产下幼崽，这意味着小鹿能够在出生后得到充足的食物。海滨的沃野和融水滋养出葱茏的草木，驯鹿们在这里放开肚皮"大快朵颐"，它们的体重猛增，再次积蓄起脂肪，以应对下一个寒冷的冬季。

也许因为性情温顺的驯鹿是北方雪原上最容易驯化的动物，它们成了冰天雪地中人类的伙伴。驯鹿拥有优秀的负重能力和耐力，因此它们是猎人的好坐骑，也是值得信任的运输工具。驯鹿拉动的雪橇，曾是拉普兰德的萨米人在牧场之间转移辎重的主要方式。童话中驾着驯鹿雪橇腾空而行的圣诞老人，就居住在拉普兰德。在食物匮乏的寒带，驯鹿奶是重要的食物，鹿肉鹿血也会被利用。驯鹿毛皮是御寒的极佳材料，鹿骨可以制作工具。虽然成了人类的家畜，驯鹿却并不是圈养动物，而是半野生放养的。森林和苔原中的天然食物仍然是驯鹿的主要饲料，驯鹿们"逐石蕊而居"，养鹿人也追随着驯鹿在森林和原野间不停地游走迁移，也与驯鹿一起完成每年的迁徙，为它们保驾护航。北欧的萨米人和北美的因纽特牧人与数千头驯鹿一起迁徙的画面，已经成为北极圈地区独特的风景：踏地声和着驯鹿的叫声，鹿群在雪海中腾起层层白雾，场面蔚为壮观。

最后的使鹿部落

大兴安岭北部的森林，是驯鹿在中国唯一的栖息地。这里的驯鹿并非原产于中国，而是一个古老的民族从俄罗斯西伯利亚地区带来的。清代康熙年间，作为清国使臣的满族官员图理琛率团出使伏尔加河下游地区的土尔扈特部，这位算得上是外交家和旅行家的官员，将沿途的山川地理、风土人情记录下来，写成了《异域录》一书。书中记载了他曾见到的使鹿部族，"……通古斯，俱畜鹿以供乘驭驮载。其鹿灰白色，形似驴骡，有角，名曰'俄伦'"。通古斯是俄罗斯人对这个部族的称呼，其中包括了现在的鄂温克、鄂伦春等民族的先民。而"俄伦"则是使鹿部对驯鹿的称呼。如今，鄂伦春人已经不再是驯鹿民族，只有鄂温克族的一支还保留着这种古老的习俗，他们被称为使鹿鄂温克人。

使鹿鄂温克人曾经在贝加尔湖西北的勒拿河流域过着游猎生活，17世纪，因为俄罗斯人的排挤等原因，他们来到了黑龙江上源，迁入大兴安岭，也把他们的驯鹿带入了这里的林海雪原，这便是中国驯鹿种群的最初来源。与驯鹿一同被带来的，还有使鹿部曾经的生活习惯和文化传统。在游猎的生活中，驯鹿既是供乘骑和驮载生活物资的工具，也是生活中的伙伴和他们辗转各处的动因之一。他们对驯鹿的习性和繁殖方式了如指掌，春夏秋冬，他们更换着不同的营地，以满足驯鹿对食物和繁殖的需求。春季是母鹿产仔的季节，如果母鹿将小鹿产在山中，猎人们就会去找鹿。他们沿着鹿活动的痕迹搜寻，一找可能就是几天时间，晚上就在林中生火过夜。秋季，猎人们会照看驯鹿交配。夏季，他们在营地点起驱蚊烟，白天驯鹿得以借这些烟躲避蚊虫的叮咬，晚上进入山林觅食。猎人们还会给驯鹿喂盐巴，以补充代谢所必需的钠盐。尽管驯鹿是散养在林中，但鄂温克人手中的盐和夏季营地升起的烟总能将它们吸引回营地。猎人们知道驯鹿喜欢什么样的食物，也知道林子需要休养生息。他们不会将一个驻地周围的食物和猎物赶尽杀绝，他们不停地搬迁，寻找适合驯鹿生活的区域。

在营地，鄂温克人用通直的白桦树干支成圆锥形作为骨架，夏季覆盖白桦树皮，冬季则覆以放风的兽皮，这就是他们的房子，被称为"仙人柱"。这种易搭易拆，方便携带的临时居所，非常适合他们的游猎生活。林中的白桦是随处可得的好材料，在猎人们手中桦皮被做成了桦皮船、桦皮摇篮和各种桦皮容器。鹿奶是很好的食物，鄂温克人在做列巴这种日常主食时，也会放入鹿奶。他们带上列巴外出打猎，打得的肉供食用，皮则做成居所中的毯子和身上的衣物鞋帽。在传统的狩猎生活中，鄂温克人几乎没有什么剩余的财产，但森林能为部族提供生存所需的一切。

也许是相同的生活环境催生了类似的生活方式，在使鹿鄂温克人与驯鹿萨米人的传统生活中，有诸多相似之处：他们住着类似的"仙人柱"；过着"居无定所"的生活；他们都有类似原始氏族公社的社会组织，在萨米人中称为"希达"，鄂温克人中称为"乌力楞"；依赖自然为生的他们，都有丰富的荒野生活经验，也都有万物有灵的传统信仰。所不同的是，使鹿萨米人以驯鹿畜牧为生，他们拥有大量的驯鹿，每年都会有一部分驯鹿被宰杀获取肉、毛皮和鹿骨。而使鹿鄂温克人只畜养少量驯鹿作为役用，狩猎才是主要的生活来源。

自《尼布楚条约》签订后，额尔古纳河成为两国的界河，使鹿鄂温克人便一直留在了河东岸的中国境内活动，游猎的生活一直持续到中华人民共和国成立后。出生于1921年的玛丽亚·索老人，如今已近百岁，老人生命中这近百年时间里，中国社会经历了巨大的变化，使鹿鄂温克人的生活也在这样的背景下发生了改变。见证了使鹿鄂温克百年历程的老人如今是部族中资格最老的成员，被称为使鹿鄂温克"最后的女酋长"。老人姓索，"索"是汉化的鄂温克姓氏索罗共，这是使鹿鄂温克人的四大姓氏之一。老人年轻的时代，使鹿鄂温克人个个都是好猎手，林中的野生动物也随处可见。后来随着木材等资源的需求增加，开发越来越多，大量森林被砍伐。以森林为家的使鹿鄂温克人经历了几次搬迁安置和生态移民，最终落脚在内蒙古根河市的敖鲁古雅民族乡。《野生动物保护法》颁布实施之后，猎人们放下了猎枪，结束了数百年的狩猎生活。役使也不再是养驯鹿的主要目的，出售鹿茸等成了主要的收入来源，从这个意义上，他们不再是猎人，而是变成了牧人。如今，敖鲁古雅这个名字已经成为使鹿部的代名词。在根河市郊的定居点，政府为使鹿鄂温克人提供了住房，但正如驯鹿无法适应圈养生活，世代以山林为居的使鹿鄂温克人也面临着无法适应定居生活的困境，于是搬入定居点不久，一部分族人就在玛丽亚·索老人的带动下重返山林。

返回山林的使鹿鄂温克人分散在几个猎民点生活，与驯鹿为伴。但不避雨雪的"仙人柱"和席地而卧的生活早已过去，他们的居所是帆布帐篷，填充着现代的生活用具。他们无法打猎，食物主要来自山下送来的补给。在所有猎民点中，玛丽亚·索老人所在的猎民点是最大的一个，畜养的驯鹿也最多。2007年春天，当《美丽中国》摄制组来到老人的猎民点时，这里的年轻人正在林中寻找驯鹿，将它们赶回营地。这些驯鹿已经在森林中度过了整个冬天，在与主人经过几个月的分离之后，它们终于又回到主人身边。猎民们给驯鹿喂盐，每三四天喂一次。主人们抖动着盐袋，这响声有巴甫洛夫的餐铃般的魔力，吸引着驯鹿拥到主人身边，舔舐主人手中的盐。驯鹿吃完盐后很快就会返回林中，所以趁驯鹿舔食自己手中的盐，主人们急切地检查鹿群的情况，以便把怀孕的母鹿挑出来留在营地，他们会为临盆的母鹿接生，这样小鹿就能在营地降生，驯鹿母子就能得到主人们及时的照料。4月底，一头小鹿在营地出生了。驯鹿"妈妈"为呱呱坠地的小驯鹿舔去身上的黏液，让小鹿的毛皮尽快变干，防止水分在低温下冻结。在驯鹿"妈妈"的鼓励下，小鹿很快就能站立起来，尽管还站不稳。小鹿的运动能力将在未来几天突飞猛进，在野外，它们常常在迁徙途中出生，必须能尽快与驯鹿"妈妈"一起跟上迁徙的队伍，以减少暴露给天敌的时间。

媒体的报道让越来越多的人知道了敖鲁古雅，知道了使鹿部，根河市郊的定居点已经成为一个旅游目的地。猎奇恐怕是大部分游客来到这里的主要动机，对见惯了现代生活的城市人来说，使鹿鄂温克人的传统生活就像看贝尔·格里尔斯的《荒野求生》（美国探索频道制作的写实电视节目，由英国冒险家贝尔·格里尔斯主持）。然而对于还坚持着传统生活的使鹿鄂温克人来说，艰难的不是这种风餐露宿的生活方式，而是坚持本身。使鹿鄂温克人继承自先民的生存智慧和文化正在消失，这成为外界普遍关注的焦点。在使鹿鄂温克的内部，族人们正在经历传统与现代的割裂。传统派苦于传统的生活难以维系，他们有的坚持在山林生活；有的住在政府免费提供的现代住房里，却始终向往着在原野中狩猎的日子。经历了现代

下图：敖鲁古雅的使鹿鄂温克人放养的驯鹿群。

教育的年轻人，多半都不愿再继续传统的生活，也因此受到了不少来自外界的诟病，被质疑为什么不继承民族传统。

当一些人希望留住某种传统时，他们往往希望能留住"活"的传统。然而，使鹿鄂温克人在荒野生活中形成的传统知识和技能，产生的初衷并不在于这些传统本身，而在于如何能让族人更好地活下去。如今，对于新一代的鄂温克人来说，传统技能已经不再是他们更好地活下去的必要选择。在这个问题上，也许比"活"的传统更重要的是对人的尊重，尊重当事人自己的选择，并在操作层面上给予适当的帮助。对于已经长期与世隔绝的使鹿鄂温克"森林人"，世代相传的生活方式能给他们更好的林中生活，在外人看来更加优越的现代生活却未必适合他们。尽管有了现代住房，但是他们在传统生活中掌握的谋生技巧，并不足以保证他们在现代生活中能有足够的收入，更何况现代居所中的生活成本要高于林中的帐篷。而对于如今的鄂温克年轻人，他们希望选择一种新的生活方式，获得现代的教育、医疗、均衡的饮食和稳定的收入，这无可厚非。

鄂温克人的一些传统，例如狩猎，已经失去了继承的可能性。尽管鄂温克猎人的狩猎传统中，有不猎杀怀孕和育幼中的母兽及小兽的习惯，这种不过度掠夺资源的朴素意识有它积极的意义。但今天的野生动物生存状况已经不同以往，野生动物及其原生栖息地的保护已经成为普遍的共识，并被写入法律。更何况，一切被允许合法存在的例外，都可能引起非法偷猎行为，曾经的合法象牙买卖就是个例子，合

上图（上）：玛丽亚·索老人在给驯鹿喂盐。鄂温克人与驯鹿之间维持着非常亲密的关系，他们会给每头驯鹿都取名字。

上图（中）：玛丽亚·索老人在照料一头刚出生的驯鹿幼崽。在驯鹿产崽的季节，营地的妇女们会仔细检查鹿群，把可能怀孕的母鹿挑出来留在营地，以便为它们接生和照顾新生的幼崽。

上图（下）：这头小驯鹿刚出生不久，它的"母亲"受惊逃入森林中，营地的妇女们只好用另一头母鹿的奶水喂养这头幼崽。

上图：在敖鲁古雅的几个猎民点，传统的"仙人柱"已经被现代的帐篷和生活用具所取代。

法贸易成了非法盗猎的幌子。但使鹿鄂温克人的另一些传统，如他们与自然打交道的数百年间，积累的大量自然知识和人与自然相处的方式，对现代人乃至人类的未来生活都有借鉴意义。他们对森林中的地理、气候、物候和动植物有着丰富的经验和认知，懂得如何才能可持续地利用森林，因此不断迁徙，让植被得到恢复。使鹿鄂温克人还拥有独特的民族服饰、音乐、手工艺等民族文化。这些传统是无形的财富，但比起让鄂温克人在未来仍然世代不变地过荒野生活，记录和传授，是继承这些传统更可行的方式。

年迈的玛丽亚·索老人善于吹奏鄂温克的传统乐器口弦琴，那些独具特色的曲调，流淌在老人关于这个部族的记忆中。深深迷恋着东巴文化的约瑟夫·洛克，有感于古老的文化终将消失在历史之中，因此用镜头记录下了古老的东巴祭祀仪式。历史前进的步伐难以阻挡，但记录却可以穿越历史，流传后世，这不也是一种继承吗？

下图：玛丽亚·索老人唱起鄂温克民歌，老人是使鹿鄂温克部落中唯一不会说汉语的人。

长白山

自大兴安岭向东，中国与朝鲜交界的地带坐落着一座著名的山峰——长白山。广义的长白山，是东北东部一系列山脉的总称，跨越黑龙江、吉林、辽宁，并连接俄罗斯远东地区和朝鲜境内的余脉。这里说的长白山是狭义的，即吉林省东部，中朝边界的长白山主峰附近的山脉。

在东北众山之中，长白山的与众不同之处在于，从山脚到海拔两千六百多米的山巅，气温和降水量的变化，使这里的植被在垂直方向上发育出了完整的带谱，长白山因此成为东北地区唯一一座具有明显植被垂直分布带的山峰。从下向上，依次是海拔1100米以下的红松阔叶混交林，海拔1100～1800米以云杉、冷杉为主的暗针叶林，海拔1800～2000米的亚高山岳桦林，和海拔2000米以上的高山冻原。这里的高山冻原，也是中国唯一具有典型北极冻原特征的植被。长白山是一座休眠的火山，曾经喷涌岩浆的火山口如今成了一汪池水——长白山天池，这是世界上最高的火山湖。天池四周被群山紧紧环抱，只有北面露出了一道缝隙，平静的池水便从这里跌落，倾泻而下。这道水流溜出天池之后，便再不回头，一路向远，流入二道白河，最终流入松花江。

长达六个月的时间里，长白山被冰雪覆盖，仿佛水墨描绘的画卷。群山在茫茫白雪中若隐若现；来自地底的热量融出潺潺流水，在雪地里涌动；雪中的林海仍然浓密，黑白的对比下显得更加肃穆；朔风卷起的阵阵雪雾，宛若仙境。春季来得比长城以南的地方迟些，但温暖的季节一旦到来，长白山的"魔术"就开始上演了：飞瀑流泉泠泠作响，参天古木郁郁葱葱，百花绽放争奇斗艳，候鸟南来嘤嘤相鸣。山中的一切仿佛"冬眠"结束，不约而同地"苏醒"——天池换了容颜，如镜的湖水映着蓝天白云，周围的苔原植物像一层绿毯蔓延。温暖的季节并不长，草本植物纷纷抓住宝贵的时机开启生殖过程。植物开花，就好像动物发情，充满了生命的激情和活力。植物们各展其能，色彩斑斓的花朵把长白山装点成了一座高山花园。

天气转暖，候鸟也重返家乡，在长江以南越冬的黑喉石䳭，此刻又回到它成长的地方，开始繁衍下一代。花丛中，黑喉石䳭正站在枝头等待着自己喜欢的飞虫进入"伏击圈"。这种生活在开阔灌丛中的小型鸟类，拥有黑、白、栗色主调的羽毛。雌雄鸟的外表略有不同：雄鸟的头接近黑色，背部也以黑色为主，在两翅、腰部和颈部都有大块白斑，在暗色的身体上非常显眼；雌鸟的色调相对比较暗淡，整个身体

后页：长白山天池。

下图（上）：白雪覆盖的长白山天池。

下图（下）：五月中旬的长白山依然白雪皑皑。

风雪塞外　THE PLACE OF A BLIZZARD BEYOND THE GREAT WALL

风雪塞外

上图（上）：季节更替的迹象悄然到来，南方温暖的季风吹来，冰雪开始消融，山麓间淙淙的流水声为长白山平添了几分生气。

上图（下）：夏季的长白山天池。

以浅栗色为主。黑喉石䳭是食虫的鸟类，常常栖于枝头，遇到昆虫飞过，就迅速出击，起飞捕食。这种鸟在长江以南越冬，东北地区是它们的繁殖地之一。每年春季，初到这里的黑喉石䳭雄鸟们，在灌丛间追逐着雌鸟，寻求交配。繁殖期的黑喉石䳭有自己的领地，雄鸟常常在

右图：六月的长白山，处处姹紫嫣红，怒放的花朵引得昆虫穿梭飞舞，长白山被装点成了一座高山花园，图中显示的依次为鸢尾、金莲花、百合、杜鹃、耧斗菜等，它们因极富观赏性而在长白山旅游中非常著名。后两张图中远处的瀑布，即天池缺口处的瀑布——长白瀑布。

风雪塞外 | 141

领域中以缓慢的速度飞行，不停地扇动双翅，久久悬停空中，边飞边发出粗哑的叫声，这是它们在宣示领地。灌木丛中的那些灌木枝头或较高草本植物的顶端，视野开阔，障碍物少，既有利于捕捉飞行的昆虫，又有利于保卫巢区，是抢手的栖息位置。

黑喉石䳭用草本植物的枯茎、树叶等筑成巢，里面还会垫上纤细柔软的植物根、叶和羽毛。巢的颜色与周围的环境非常相似，位置也十分隐蔽。雌鸟独立担负着孵化重任，雏鸟出壳后的养育则是双亲共同完成。黑喉石䳭宝宝是晚成鸟，这些小家伙儿到大约一周大时才睁开眼睛。但在此之前，它们就已经能准确地察觉到出巢觅食的"父母"回巢。林中的各种昆虫为黑喉石䳭提供了丰富的食物来源，足够让它们同时哺育好几只雏鸟。亲鸟饲喂雏鸟的频率很高，平均每小时十次左右。带着食物回来的黑喉石䳭"父母"尚未到家，饥肠辘辘的雏鸟们就已经开启了"嗷嗷待哺"的模式：一张张黄色的嘴敞得比头还要大些，同时发出急促的叫声，催促亲鸟喂食。

1886年，第一个来到长白山进行科学考察的西方人——英国军官杨哈斯本这样描述他在这里看到的景象："我们甚至还没有见过能与它相媲美的牧场，色彩斑斓让人眼花缭乱。鸢尾、鬼百合、苎麻等各色各样的花铺满了草地。为了不至于色彩过于灿烂，这一处，那一点，分布着优雅高贵的冷杉，更增加了和谐的美。走近一些，还能看到非常优美的片片羊齿、深蓝色的龙胆、金黄色的金凤花、羊踯躅、兰花以及其他形状各异的漂亮花草。""花覆盖的山坡和山麓上美丽的牧草、山顶上非常漂亮的寂静的湖泊、站在山顶往脚下一瞥，美丽神奇

下图（上）：黑喉石䳭雌鸟。
下图（下）：黑喉石䳭雄鸟。

下图：黑喉石䳭巢中的雏鸟感知到亲鸟觅食归来，张大亮黄色的嘴，并发出急促的叫声，雏鸟张嘴时的鲜明色彩和叫声给亲鸟传递了视觉和听觉双重信号，催促亲鸟为雏鸟喂食。

得让我们瞠目结舌。"

杨哈斯本到长白山的时候，感叹于长白山这片原始自然风光的美。这种原始状态的保存，一定程度上有赖于清代对东北地区的封禁政策。东北地区被清朝统治者视为"龙兴之地"，长白山更是满族人心目中的神山，这里的开发受到了严格的限制，移民的居住、田土的垦辟、森林矿产的采伐、人参和东珠的采捕都曾被明令禁止。为此，清朝甚至在东北地区修筑了边墙，这些边墙是一种类似于隔离带的设施，建设时挖沟取土，筑土为堤，再在堤上插柳枝，所以被称为"柳条边"。柳条边以辽宁开原附近的威远堡为中心，辐射出三条分支，其中一条向西南与山海关长城相连，一条向东南到辽宁凤凰城，一条向东北方向到法特哈。这道柳条边被视作清代的长城，只不过与以往历代的长城不同，它的作用是防止移民外流，而非抵御外族入侵。

然而，柳条边并没有挡住关内的汉民对关外肥沃的土地和丰富的自然资源的向往。经历清代中期的盛世后，关内人口大量增长，人多地少的矛盾突显，封禁渐渐松动。到了清代后期，柳条边完全被弃用，取而代之的是"闯关东"的移民浪潮。伴随着长城内外的人口流动，长白山的开发程度逐渐增大的同时，长白山被人类利用的方式也发生了根本的转变：从早期满族的传统渔猎，变成了以农业用地为主要目的的屯垦，从靠森林吃饭，变成了大面积毁林开荒。当然移民对长白山地区的大规模开发只是长白山环境变迁的原因之一，长白山最大的生态灾难，恐怕来自日本统治东北期间对自然资源的大肆掠夺。

杨哈斯本来到长白山时，移民现象已经非常普遍，但政府的封禁尚未完全开放。当时的杨哈斯本，凭借一个探险家的胆量和经验，深入长白山腹地，徒手登上主峰。相比之下，今天来到长白山景区游览的观光客要轻松得多。景区内的公路和栈道，可以十分方便地从山脚下直达天池。然而不得不说，长白山自然保护区的旅游开发方式是有些令人沮丧的，它造成了一个典型的破碎化的栖息地：长白山在中国境内的北、西、南三坡，都有人工道路直达山顶，西、北坡之间还有环山公路相连。如果从一只东北虎的视角看这片山地，那么剩余最大的一块栖息地恐怕也不足整个保护区面积的四分之一。这样切断整个山坡的道路安排，也许是因为天池名气实在太大，以至于如果不安排游客来到山顶看天池，就会失去潜在的游客。然而，旅游开发并不是建立保护区的首要目的，保存珍贵的生物多样性和自然生态系统，才是建立保护区的初衷。旅游开发对当地的经济发展意义重大，但对于自然保护区来说，一方面，即使旅游设施建设不可避免，也应该考虑增加供野生动物利用的生态廊道，以及采取必要措施降低人为干扰的强度；另一方面，旅游开发也可以成为带动保护的一种方式，给予游客适当的引导，让更多的人在享受自然美景的同时，建立起热爱自然、保护自然的意识。

风雪塞外　THE PLACE OF A BLIZZARD BEYOND THE GREAT WALL

元上都

从东北地区往西，森林逐渐变成起伏的草地。绵延的长城，是辽阔内蒙古大草原的南缘，到处都是无边无际丰美的草场。在内蒙古锡林郭勒盟最南端，内蒙古与河北省交界的地方，金莲川草原上的高大禾草迎风摇摆。一些禾草的高度，足以遮挡住人类和家畜的身躯，当风吹过的时候，就有了"风吹草低见牛羊"的景象。赤狐的身形比牛羊更矮小些，它们藏身在高高草丛之中，在这片草原上惬意地生活。今天，这里完全是野生动物的天地，但过去并非如此。七百多年前，这里曾是世界文明的国际大都会——元上都。

1209年，成吉思汗统一了蒙古各部，建立起蒙古汗国。此后，蒙古的铁骑开始四处扩张，到13世纪中期，成为世界历史上规模最大的帝国。1260年，成吉思汗的孙子，元世祖忽必烈在这里登基，继承了汗位。公元1275年，马可·波罗来到元上都，受到了忽必烈的接见。马可·波罗在他的游记中写道，这里"有大理石宫殿，

上图（上）：越过大兴安岭向西，年降水量下降到400毫米以下，海洋的影响减弱，气候变得不再湿润，大陆性的气候开始显现，森林逐渐退却，草原出现。

上图（中）：绵延的长城，是辽阔内蒙古大草原的南缘。

上图（下）：内蒙古锡林郭勒盟南端的正蓝旗金莲川草原，丛生的禾本科植物高大繁茂，随风摇曳，时有灌木生长其间。这种草原被称作典型草原或真草原，内蒙古中东部的半干旱地带形成了广阔的典型草原，著名的呼伦贝尔、科尔沁、锡林郭勒、鄂尔多斯等大草原都属于这种类型。

左图：金莲川草原上，两只赤狐在玩耍。赤狐是所有狐属动物中分布最广泛的一种，赤狐的足迹遍及整个北半球，从森林到荒漠、从平原到高山，从荒野到都市，赤狐可以适应各种各样的栖息环境，它们主要以兔类、啮齿类小型哺乳动物为食，也吃鸟类、蛙类、蛇类、昆虫和植物果实。赤狐分布广泛且数量颇多，又能在农田和城市这类有较强人类干扰的环境中生活，因此与人类之间的关系比较密切。

甚美。其宫内皆涂金，绘有种种鸟兽花木，工巧之极，技术之佳，见之足以娱人心目"。马可·波罗所描绘的是元上都的宫城，在宫城之外，元上都还有皇城和外城两重城垣。外城西门内是百姓杂居、店铺林立的街区。在如今地表仍可辨别的纵横街道和院落遗迹中，仿佛能看到当年繁忙的市井盛况。

元代，蒙古帝国在马背上攻城略地，东征西讨的同时，也开启了欧亚大陆上繁盛的往来交流。地跨欧亚的蒙古帝国，经营着四通八达的水陆交通体系，将欧亚大陆连成一片，欧洲

下图：元上都遗址这些仅存的残垣断壁似乎在向人们诉说着它往日的繁华，七百多年前，这里曾是闻名世界的草原中心，忽必烈从这里发迹，元代有六位皇帝先后在这里登上大汗位。

和东亚之间实现了直接交往。欧洲商人、使节、旅行家络绎不绝地来到东方，经商、传教。庞大的邮驿网络与畅通无阻的交通条件并存，几乎所有交通要道上都有驿站，接待着过往商旅，他们的活动甚至受到来自官方的保护。也正是在这样的背景下，才有了马可·波罗这样的旅行家，有了震动欧洲的《马可·波罗游记》，开启了欧洲人对东方的向往。元上都外城的西门外，曾经是商贾的集散之地，来自阿拉伯、波斯、中亚的商人熙来攘往，各国商人在这里交易。繁荣一时的贸易盛况，让这座城市成为当时草原丝绸之路上最著名的商贸之都。

成吉思汗和他的子嗣们拥有一支骁勇善战的骑兵队伍，他们作战机动灵活，进退疾驰，速战速决，不给对手喘息之机。蒙古人能够在欧亚大陆长驱直入，建立起庞大的帝国，骑兵和马配合形成的这种"闪电战术"功不可没。生长在马背上的蒙古民族，以"人马合一"的境界，确保了这种战术的可行性。蒙古人自幼学习骑射，日常狩猎，即作战演练。他们对马匹的饲养、管理和训练，都有丰富的经验，这确保了战马的质量。蒙古马的体型和速度都算不上个中翘楚，但它们以耐力著称。它们体格健壮，头大颈短，对环境和食物的要求都不高，他们非常适应蒙古高原的环境，能忍受夏季的高温，也能忍耐冬季零下四十多度的严寒。它们能适应极其粗放的饲养，不需要舒适的马厩和精细的饲料，在草原上自己觅食，风餐露宿。它们对饥饿有极强的忍耐力，也能吃任何异地的牧草，而且体力恢复极快，战争中总能保持充沛的力量。经过训练的战马，能在险恶的地

形上保证行进速度，能与骑手保持高度的默契，即使不持缰绳，也可进退随人意。作战中，每个骑兵都有一匹或几匹备用马，乘一匹马奔跑一段时间之后，把马交给军中的养马人，换上另一匹继续前进，使蒙古军队总能保持着比对手更快的速度，拥有长距离奔袭和撤退的能力，以及远胜于对手的机动性。这使得他们总能率先占据有利地形，占得作战先机，赢得战争的主动。同时，马奶还是军队的食物来源之一，既减轻了后勤辎重的压力，也增加了整个部队的灵活性。可以说，马是那个时代战争中必不可少的伙伴和资源。

一日行千里，驰骋事疆场

马的起源，可以追溯到距今五千多万年前的始新世，地球上普遍温暖的气候催生了哺乳动物的繁荣，最早的马科动物正是出现在这种背景下。这类身材矮小的有蹄动物，与家猫的体型相仿，生活在森林灌丛中，以灌木嫩枝叶为食。在之后的演化中，马家族出现了很多分支，但大体上向着体型增大，腿和脚伸长，侧趾退化而中趾加强，牙齿更适合研磨食物的方向发展。到大约两千五百万年前的中新世时，地球气候变得干冷，森林退却，草原得到发展。马的发展达到了一个高峰，出现了多达几十个属。环境的变化也引起了马类的适应性改变，食性从吃嫩叶转变为吃草，马类动物中出现了高冠牙齿，这种牙齿类型更适合研磨草这种含有大量硅质的食物。马类的四肢也发生了变化，奔跑时侧趾不再着地，变长的腿和单蹄，使它们在开阔草原上的奔跑速度更快。现代马类的直接祖先——真马在更新世从美洲进入亚欧大陆和非洲大陆的广袤草原，并产生了广泛的适应辐射，分化出现代马属的成员。这个属也是马科仅存到现代的一个属，包括了野马、野驴、斑马等野生动物，和家养动物家马和家驴。尽管如此，马科动物仍然是新生代晚期以来演化最成功的奇蹄动物。它们能耐寒冷和干旱，能消化高纤维、低蛋白的食物，适应能力极强。

人与马最早的相遇，可能出现在第四纪，原始人类与马经历着各自的进化，共同度过了第四纪冰期的艰难时期。到了旧石器时代，人类逐渐强大起来，人与马的交集在古老的地层中留下了蛛丝马迹。在意大利、法国、西班牙的洞穴遗存中，旧石器时代人类留下的岩画、石雕等遗迹中出现了大量野马的形象，它们是人类捕猎的对象。中国的山西峙峪遗址、大连古龙山遗址中，出土了数量惊人的马骨遗骸，这些原始人因此被称为史前"猎马人"。这时候的马，只是一种为人类提供食物的野兽。

野马的驯化，可能出现在公元前四千多年前的乌克兰草原。黑海北部第聂伯河西岸的德雷夫卡遗址，这里出土的具有佩戴马嚼子痕迹的遗骨，是目前发现的最早的具有明确驯化证据的家马。人类最早驯化马，很可能只是为了吃肉。后来，马健壮且奔跑速度快的特点，被中亚高原的游牧民族开发利用，家马开始被用来套车。大约在公元前一千五百多年，马成为拉动战车的主要畜力,马服务战争的历史就此开启。

在中国,尽管有人认为中国人豢养家马从距今四千多年前的龙山文化就开始了,但有确凿证据的家马,则与马车一同出现在三千多年前的商代晚期遗存中。有趣的是,此时的马车已经具备完善的形制,没有更早的实物能印证马车在中国的发展脉络,它们仿佛毫无征兆地"从天而降"。这也引起了关于中国的马车究竟是本土起源,还是自西亚、中亚地区传入的争论。但无论如何,马在商代已经登上了中国的战争舞台,战车成为战场上的主要武器。在武王伐纣的牧野之战中,周联军的"三百乘戎车",就像那个时代的坦克,显现出了所向披靡的强大威力,以摧枯拉朽之势埋葬了商王朝。到西周时代,马拉战车成为军队中主要的突击力量。春秋战国时期,战车发展到顶峰,在那个战争频繁的时代,战车的数量成为一个国家军事力量乃至国家实力的标志,千乘之国、万乘之国成了形容国家大小强弱的代名词。驾车和陪葬马匹的数量也进入了周代的等级制度之中,成为显示身份地位的标志。

马不仅被用来套车,也被作为一种坐骑乘骑。最初,骑马并不是件容易的事情,骑手需要紧抓马的鬃毛,双腿紧紧夹住马身,才能勉强不让自己摔下马。后来,马嚼子、马鞍、马镫等一系列马具的发明,彻底释放了马作为一种代步工具的潜力。马具的使用,使人们能够更容易地稳定在马背上,并灵活地控制马匹行进的方向和速度。特别是马鞍和马镫配合,解放了骑手的双手,使他们能够在骑马的同时使

上图:马嚼子、马鞍、马镫等马具的使用,使人们能够更容易地稳定在马背上,并灵活地控制马匹行进的方向和速度。

后页:马镫最初的形制,可能只是设在马的一侧而非两侧,作上下马时的辅助。后来这种近似半圆形的双侧马镫,让骑手可以稳定在马背上。马镫可能起源于中国,后来传入欧洲。一些学者认为,马镫这种结构简单的工具,是改变世界历史的伟大发明,它加速了欧洲骑士时代的到来。

用武器,这催生了一个新的兵种——骑兵。惯善骑射的游牧民族骑兵,兼具速度和战斗力,将作战的灵活性发挥到了极致,马拉战车从此渐渐退出了历史舞台,马以一种新的作战方式左右着战争中的力量对比。从汉代的匈奴、唐代的突厥到元代的蒙古,莫不以骑兵纵横战场,成为中原王朝的强大威胁。而自西汉以后的中原王朝,也都将马匹视作重要的战略资源。有足够的马匹,军队才能强大,边关才能安定。

马背民族

如今，历史的硝烟已经散去，马也不再是战场上必备的配置，但蒙古族对马的情结，依然在"马背民族"中延续。草原上半干旱的气候无法为农耕提供足够的降水，却适宜牧草的生长。蒙古族以牧为业，牲畜以草为食，每片草场的承载能力是有限的，牧人们需要不断地迁徙和流动，给牲畜寻找水草丰美的栖居之地。游牧生活中，马是不可缺少的伙伴。马可以帮助牧人把羊赶入羊圈；马在恶劣的环境中也能自己寻找食物；广袤无垠的草原上，牧人需要以马代步；马带领牧人寻找新的草场；马为游牧中的长途迁徙负载物资；甚至可以说是马的使用，使游牧成为可能，也推动了游牧生活方式下社会的发展。

正如江河和鱼之于赫哲人、森林和驯鹿之于使鹿鄂温克人，蒙古族人也把对草原和马的体察推向了极致。蒙古族在长期与马为伴的生活中，积累了相马、养马、套马、驯马、骑马，为马治疗疾病，制作马具和马饰，用马奶做成酒、酸奶、奶油，利用马鬃和马尾做成各种绳索等一套关于马的技术和知识体系。作为一种重要的生产资料和值得信赖的生活伙伴，马也进入了蒙古族的审美、民俗甚至信仰之中：雄浑的马头琴，奏出独特的音色，无论悠扬舒畅的蒙古长调，还是欢快雄健的短调，都从不吝惜对马的速度与风姿，和勇往直前的赛马骑手的赞美。蒙古族的英雄史诗《江格尔》中，大

上图：游牧生活中，马是转场时代步和运送物资的可靠伙伴。

量的笔墨倾注在对战马的描绘上，马被当作了主人公江格尔之外的第二主角，骏马配英雄，与主人一同英勇作战的马，也是成就英雄伟业的一位功臣。在蒙古族传统舞蹈中，舞者用富有特色的步法，模仿骏马的运动姿态，展现走马、骑马、赛马等蒙古族的生活场景，生动地诉说着蒙古族对马的依赖和喜爱。信奉萨满教的蒙古族先民相信万物有灵，马自然也被赋予了神性，成为一种圣物甚至神明，成为被供奉和祭祀的对象。

世代居于草原，蒙古族人对自己的伙伴了如指掌，而草原和马，也塑造着蒙古族人的生活方式和性格。每年水草最丰美的季节，草原上的一场盛会便会拉开帷幕，把蒙古族对驭马之技的重视，和对孔武剽悍、勇往直前的性格气概的向往，表现得淋漓尽致。这场盛会，就是"那达慕"大会。

"那达慕"在蒙古语中包含着娱乐、游戏、游艺的意思，尽管"那达慕"这个词本身在清代才出现，但草原民族的"游艺"活动却是源远流长。草原民族竞技比赛式的"游艺"活动，

上图：套马是那达慕大会上的一项重要内容，就像渔猎的赫哲人有叉鱼绝技，套马是草原民族高超的马上技巧的展现。套马者手持一条三米多长的套马杆，杆头带有一个绳圈，伺机出手，套住目标马的头部，这种在飞奔的马背上打"移动靶"的操作，对勇气和智慧都是个考验。

右图：那达慕大会是蒙古族传统体育和文化的一个重要载体。

很早就已经出现，在汉代的匈奴就有迹可循。蒙古族以摔跤、赛马、射箭这"草原三艺"为主要内容的竞技活动，可能自成吉思汗的时代就已有雏形。在烽烟四起的年代，这种竞技就仿佛是为服务战争举行的练兵和演习，保证着蒙古铁骑强大的战斗力。

马具的使用和精湛的骑马技术，让蒙古族男女老幼都可骑马。南宋时，出使蒙古的官员彭大

THE PLACE OF A BLIZZARD BEYOND THE GREAT WALL　风雪塞外

风雪塞外　THE PLACE OF A BLIZZARD BEYOND THE GREAT WALL

THE PLACE OF A BLIZZARD BEYOND THE GREAT WALL 风雪塞外

上图：那达慕大会上参加赛马比赛的小骑手。

左图：蒙古人被称为"马背上的民族"，蒙古人与马之间和谐融洽的关系，不仅是他们当年能横扫天下的关键原因，也是他们游牧生活中的重要组成部分。

后页：那达慕大会是蒙古人的盛会，每年7月蒙古族青年都会积极参加，一展身手。射箭是那达慕大会中重要的比赛项目之一。

雅把自己在蒙古的亲身见闻记录成了《黑鞑事略》一书，这本详细记录了蒙古历史地理、风土人情、社会制度、作战方法等的书，让现代人得以窥探13世纪时的蒙古。其中就记录了，蒙古人从孩提时代就开始就得到的骑马训练："其骑射，则孩时绳束以板，络之马上，随母出入；三岁，以索维之鞍，从众驰骋；四五岁，挟小弓短矢。及其长也，四时业田猎。"骑马是在草原上生存的必修课，草原上的孩子从三四岁起，就开始了"马背生涯"。不到三岁，孩子们就被固定在马上，跟随母亲在马上活动；三岁时，用绳索把自己稳定在马鞍上，他们就能与族人一起骑马驰骋；等到四五岁，他们已经可以在马上使用"儿童版"弓箭。

蒙古族骑马是从娃娃抓起的，从驰骋赛场的小骑手们身上，仍可见当年高适看到的"胡儿十岁能骑马"的边塞风情。

风雪塞外 | 153

风雪塞外　THE PLACE OF A BLIZZARD BEYOND THE GREAT WALL

如今，游艺不再是为战争培养勇猛战士的手段，那达慕成为蒙古族传统体育和文化的载体，蒙古族传承至今的蒙古式摔跤、赛马、套马、射箭、蒙古棋、传统歌舞、诗词，以及传统服饰、饮食、建筑等遗产，乃至蒙古族的民族精神和性格，都在那达慕中得到了集中体现。

巴音布鲁克

在中国，蒙古族不仅生活在内蒙古自治区，在新疆，天山山脉的中段，雪山融水在山间盆地中滋养出了一片丰美的草原——巴音布鲁克，这里同样是蒙古族人驰骋的天地。高山上的巴音布鲁克，有着不同于内蒙古草原的风姿。它在雪山的环抱之中，峰顶的皑皑白雪浮现在地平线上；绿草如毯铺开，伸向天际，白色的蒙古包、羊群和大大小小的水泡点缀其间，仿佛群星洒落碧空；蜿蜒的开都河像一条飘带，在大地上划出柔美的曲线，平静的河面似乎能够与天空对话，蓝天、白云、朝霞、落日，都能在水面的倒影中得到回应。

乾隆年间，生活在伏尔加河下游的蒙古部族土尔扈特部，在首领渥巴锡汗的带领下，冲破重重险阻，回到东方故土。清王朝接纳了这个东归的部族，渥巴锡汗的部众得到了巴音布鲁克草原作为游牧地，从此土尔扈特部开始在这片土地上繁衍生息。

在蒙古族的游居生活中，迁移是一个重要的部分。出于迁徙的需要，无论游猎还是游牧，总要有个能便携的居所。可移动住宅比较原始的形式，类似于鄂温克人的"仙人柱"，是以木柱支撑、以兽皮覆盖的简易居所。后来狩猎生活向畜牧生活转变，草原游牧民族的帐篷式居所的形状和材料都发生了变化，帐顶从锥形变为圆形，制作毛毡的技术被掌握，这种防水保温的材料成了绝佳的覆盖物。在古代文献中，游牧民族的这种居所常被呼以"穹庐""毡帐"之类的名字。这种居所在很长的历史时间和广泛的地域中存在，是游牧民族生活方式的一种普遍的标志，如西汉时匈奴"织柳为室，毡席为盖"，北朝时鲜卑族"居无常处，以穹隆为宅"，隋代突厥"穹庐为帐，毡为墙"。到了南宋的《黑鞑事略》中，蒙古族的穹庐"用柳木为骨，可以卷舒，面前开门，上如伞骨，顶开一窍，谓之天窗，皆以毡为衣，马上可载"。这段文字中出现了穹庐的重要结构——天窗。天窗解决了穹庐中的采光、排烟、通风等问题，使整个

后页：蜿蜒的开都河像一条飘带，在巴音布鲁克草原上划出柔美的曲线。

下图：巴音布鲁克草原上，绿草如毯铺开，白色的蒙古包、羊群和大大小小的水泡点缀其中，仿佛群星洒落碧空。

风雪塞外　THE PLACE OF A BLIZZARD BEYOND THE GREAT WALL

建筑更加舒适。此时的穹庐，已经与我们所熟悉的今天蒙古族的居所——蒙古包，非常相似了。它不仅顶开天窗，以毛毡覆盖，还可以折叠，能以马驮载。而"蒙古包"这个词的出现，可能也正是在这个时期。在这个时期，满族人的祖先女真与蒙古之间频繁往来，"蒙古包"一词，可能即来自满语。满族人称"家""屋"为"博"，蒙古人的居所为"蒙古博"，汉语取其音，称为"蒙古包"。元代以后，蒙古人把蒙古包发展到了极致，贵族的大型帐幕极尽奢华，而普通牧人使用的蒙古包，则变得更加便于拆卸和组装。

蒙古包是蒙古人能移动的家，当巴音布鲁克草原上的蒙古牧民家庭带着辎重来到葱郁的夏季牧场扎营时，他们只需要几分钟就能搭建起一个蒙古包。但蒙古包的优点并不仅在于便于拆卸和搭建，还在于它的结构和用料：蒙古包圆形的拱顶和围壁，可以很好地分散受力，使整个建筑能够抵挡草原上的狂风和积雪。建造蒙古包的木料、毛毡、马鬃绳也是依靠草原物产，就地取材。蒙古包还曾经是蒙古人的计时工具，圆形的蒙古包和穹顶上的一根根乌尼就好像日晷一样，通过观察太阳照进蒙古包，在不同部位形成的日影，来判断时间。

巴音布鲁克的意思是"富饶之泉"，蒙古族人世代受到富饶的巴音布鲁克的滋养，但他们并不是这片土地上的唯一主人，这片丰饶的土地同样也吸引着众多鸟类。山间盆地的低处，冰雪融水汇集起来，形成植被丰美的沼泽草甸，大小河流交汇，湖泊或广或狭，如珠玉散落，来自亚洲各个区域的水鸟都被这些河流与湿地吸引过来。

上图：巴音布鲁克草原上，牧民家庭在扎营。拆卸开来的蒙古包很方便运输。

上图：蒙古包围壁的骨架叫作哈那，是由轻质的沙柳木做成的可以伸缩的网片，哈那之间由绳索穿合固定，在其中两片哈那之间装门，这是蒙古包的唯一出入口。

上图：蒙古包顶上辐条一样的骨架叫作乌乃，乌乃两端分别插入哈那和陶敖（天窗）的连接孔中，并用绳索固定。

上图：骨架搭好之后，覆盖围毡和顶毡。蒙古包的大小不同，所用的哈那、乌乃和毛毡的数量和大小也不同，较大的蒙古包，内部还需要另外加柱子承重。

每年，大天鹅、蓑羽鹤、斑头雁、黑尾塍鹬等上百种数十万只水鸟来此繁育后代。

巴音布鲁克湿地是世界上最重要的大天鹅繁殖地之一。天鹅无疑是巴音布鲁克湿地上最受关注的鸟类之一。巴音布鲁克自然保护区，是中国最早为保护天鹅而建立的保护区。巴音布鲁克天鹅湖，是世界上天鹅数量最多、最集中的繁殖地，这也让巴音布鲁克成为观赏天鹅的胜地。每年五六月份，上万只天鹅从越冬地迁徙至此，其中包括了中国有天然分布的所有三种天鹅——大天鹅、小天鹅和疣鼻天鹅。在蒙古族分布的地区，关于天鹅仙子的神话传说有着广泛的流传，蒙古族把天鹅视为吉祥的象征。

下图（上）：巴音布鲁克天鹅湖。

下图（下）：来到巴音布鲁克湿地繁殖的黑尾塍鹬。

后页：在巴音布鲁克繁殖后代的大天鹅。

巴音布鲁克湿地上还有一种大鸟，与天鹅一样拥有美貌和优雅，它们是蓑羽鹤。蓑羽鹤的整个身体像用浓淡不一的墨染成，灰色的身体上点缀着黑色的头颈和飞羽；眼后方两簇丝状的白色长羽垂到后颈，修长的胸羽垂在胸前，仿佛身披蓑衣。在整个鹤家族中，蓑羽鹤是体型较小的成员，成年的蓑羽鹤身高在一米上下，比起白鹤（1.35米左右）和丹顶鹤（1.5米左右）之类的亲戚，它们显得娇小玲珑，身材纤细，因此蓑羽鹤也被称作"闺秀鹤"。虽然名字如此甜美，但蓑羽鹤绝不是娇弱的鸟类，它们是一群"猛士"。

春天，蓑羽鹤来到巴音布鲁克，它们结成"一夫一妻"的伴侣，然后营巢、产卵、孵化、育雏，这是鸟类繁殖季节的主旋律。草原上的"邻居"很多，有些可以和平相处，有些就不怎么友好了。像狼、赤狐和一些猛禽是蓑羽鹤的天敌，渡鸦之类的鸟类是些"见缝插针"的偷蛋贼。还有成群的家畜，在蓑羽鹤看来，这些吃草的大个子大概是群"讨厌鬼"，总是时不时接近它们的领地。当家畜们太接近蓑羽鹤在草原上的巢时，蓑羽鹤"夫妻"就不得不联手反抗：它们口中发出警告的鸣叫，或者起飞俯冲，或者展开翅膀，炸起头颈的长羽，也许它们认为这样会让自己显得更加魁梧。

到了秋天，新出生的小蓑羽鹤已经能够长途飞行，它们将随"父母"一起向越冬地迁徙。一部分蓑羽鹤的迁徙路线令人叹为观止，它们将在旅途中穿越一片约四百千米宽的死亡之海——塔克拉玛干沙漠，沙漠中的河流和绿洲，是蓑羽鹤飞行时的驿站。然后它们将进入青藏

THE PLACE OF A BLIZZARD BEYOND THE GREAT WALL 风雪塞外

高原，翻过喜马拉雅山脉，到达温暖的印度次大陆。蓑羽鹤会利用气流来帮助自己飞行，最大限度地节省体力，但即便如此，它们仍然要面对高原上的风暴、寒流，和虎视眈眈的猛禽。总有一部分蓑羽鹤无法到达越冬地，这也许就是优胜劣汰的自然法则，那些经过重重考验最终到达越冬地的鸟儿，将更有机会把优秀的基因传承下去。

前页：蓑羽鹤在鹤类中是体型较小的一种，身材纤细，体态玲珑，被称为"闺秀鹤"。蓑羽鹤色调灰白，白色的丝状耳羽簇，与黑色的头颈和修长的胸羽形成鲜明的对比。

右图（上）：正在孵卵的蓑羽鹤，在巴音布鲁克，蓑羽鹤通常把巢建在浅水沼泽中的草地上，巢比较简陋，只是用草之类的巢材在地面上铺成微凹状；或者干脆直接借用地面上的植物和凹窝产卵。

右图（中）：天鹅湖畔的广袤草原为鸟类和家畜提供了栖息地。

右图（下）：一对蓑羽鹤夫妇展开双翅，立起胸羽和耳羽簇，向进入自己领地的家畜示警。

后页：飞翔的蓑羽鹤，蓑羽鹤每年都要在繁殖地和越冬地之间迁徙，一部分蓑羽鹤的迁徙路线令人叹为观止，它们将在途中飞越塔克拉玛干沙漠和喜马拉雅山脉。

风雪塞外 | 163

风雪塞外　THE PLACE OF A BLIZZARD BEYOND THE GREAT WALL

荒漠生存者——鹅喉羚

从锡林郭勒草原向西，阴山和贺兰山形成了一条东北西南走向的屏障，阻挡了来自东南方向的暖湿气流，也留住了南下的寒冷季风。使得这道屏障的西侧夏季酷暑而冬季严寒，降水量下降到200毫米以下，典型草原退去，被荒漠草原替代。沙冬青、骆驼刺、梭梭这样耐干旱的草本和灌木占据了主流，它们往往有着发达的根系和很小的叶子，努力汲取水分，减少散失。在这样的环境中，干旱不仅是植物们需要应对的头号问题，动物们同样需要练就在干旱中求生的技能。

鹅喉羚就是这种环境中的典型"居民"。中国北部和西北部海拔较低的荒漠地带，蒙古国、巴基斯坦，一直到阿拉伯地区，都有鹅喉羚的身影。鹅喉羚体型不大，但拥有优雅的体态。雄性鹅喉羚的体重22～42千克，雌性鹅喉羚则更小，只有18～33千克。鹅喉羚毛色灰黄，头部和腹部毛色比较浅，臀部和四肢内侧则是白色。身后一条黑褐色的细尾与体色形成鲜明对比，这条尾巴在它们奔跑时竖起，饶有风趣。鹅喉羚身体矫健，四肢细长，非常善于奔跑。敏捷而胆怯的它们稍受惊扰便会立即逃窜，瞬间消失在视野中。雄性鹅喉羚有角，角上粗大的横脊类似年轮，可以据此判断雄羚的年龄。雄性鹅喉羚发情期喉部软骨膨大，就像鹅的头，因而得名。

在严酷的环境中，鹅喉羚有着明智的采食策略。对于生活在干旱环境中的有蹄类来说，水是关键，多汁的植物能提供更多的水分，是最优的选择。有研究发现，一些有蹄类甚至可以终年不喝水，只靠食物中的水分满足生存需求。鹅喉羚也会通过吃沾有露水的植物，额外补充水分。一年四季，植物在变化，鹅喉羚的采食也随之变化。夏季食物丰富，鹅喉羚就更加挑剔，只吃那些水分和蛋白质含量多的植物。冬季食物短缺，鹅喉羚就不挑食，广泛采食各种植物。鹅喉羚通常在白天活动，夜晚回到夜宿地休息，整个白天，采食和休息交替进行。

后页：鹅喉羚的毛色灰黄，与它们生活的荒漠环境非常相似。雄性鹅喉羚发情期喉部软骨膨大，就像鹅的头，"鹅喉羚"的名字就来源于此。

下图：荒漠草原景观。

一段时间的采食高峰后，它们会卧倒休息，这可能有利于它们的反刍消化。在炎热的夏季，鹅喉羚通常选择在早晨和黄昏活动，避开中午的酷暑。中午是午休的时间，它们会找个阴凉的地方，刨个凹坑休息，这样做有利于休息时的隐蔽。到了寒冷的冬季，中午是一天中最温暖的时间，鹅喉羚便在中午也集中采食。秋季，鹅喉羚会花更多的时间采食，为即将到来的冬季储存能量。除了最大限度地利用食物中的水分，和避开高温时段，鹅喉羚还能通过调节自身的代谢应对干旱和昼夜温差。白天气温高时，鹅喉羚能调高自己的正常体温，减少因出汗带来的水分散失；夜晚温度低时，再将热量释放出来。

鹅喉羚是群居动物，群体随着环境和生存的需要而分分合合。秋冬季节，有时成百上千的鹅喉羚会临时聚集在一起，资源是吸引大量鹅喉羚集于一处的动因：在干旱的秋季，是选择水源地；而食物匮乏的冬季，则选择那些食物充足的采食地。鹅喉羚的毛皮不能很好地抵挡低温，冬天它们通常会去往避风雪少的深谷低山地带。为了追逐食物和合适的温度，它们需要在较大的范围内游荡。中亚的鹅喉羚还会在秋季结大群迁徙。冬季是鹅喉羚群体较大的季节，常见雌雄混合的鹅喉羚大群，有时多达三十头。冬季的发情交配期，鹅喉羚大群体解散，开始了雌雄有别的生活：雄羚离开混合群体，占领自己的区域用以交配；雌羚则分成小的群体，通常每群不到十头，参与到交配中。交配结束后，雌雄鹅喉羚再次混群。春季到来后，鹅喉羚大群分成小群。春夏季节，怀孕的雌羚开始单独活动，为分娩做准备；分娩之后，雌羚带着自己的幼崽单独活动，形成母子群体。与此同时，雄羚常常结成雄性群体。直到寒冷的季节再次来临，庞大的鹅喉羚混合群体又将出现。

鹅喉羚的繁殖是一雄多雌的交配方式。发情的雄羚，在雌羚群体日常活动的路线上建立自己的领地，白天就在领地中活动，晚上与雌羚一起回到夜宿地休息。雄羚想要获得交配的机会，就必须尽力将路过的雌羚群体留在自己的领地里足够的时间。它们通常会以站立、走

下图（上）：鹅喉羚是一种非常敏感的动物，危险来临时，它们的速度比得上赛马。但在炎热季节，这些鹅喉羚通常踱着不紧不慢的步子。

下图（下）：正在取食的鹅喉羚，鹅喉羚拥有适应干旱环境的非凡本领——它们能从干草中吸取水分。

动、小跑甚至飞奔的方式尽力圈住雌羚，为了既保证留住雌羚的成功率，又不至于消耗太多的体力，小跑是其最常用的手段。如果一头雄羚没能留住雌羚，"姑娘"们进入了"邻居"家的领地，雄羚常常依依不舍地追过去，但这时"邻居"会毫不留情地将其赶出自己的地盘。毕竟在鹅喉羚的世界里，一轮交配之后雄羚不会再看住雌羚不放，雌羚们可以自由离开雄羚的领地，如果不能保证对雌羚群体的占有，那么维护自己的交配领域，严禁一切其他雄羚的进入，就成了捍卫自己交配权利的重点。为此雄羚在护域上非常勤奋：雄羚每天沿着自己领域的边界巡视，同时发出经叫声，警告其他雄性远离自己的领地；雄羚们还沿着领域边缘留下自己的标记，它们用蹄子刨坑，在坑中留下自己的粪便和尿液，用角摩擦灌木留下角标，也有时留下自己的眼腺的分泌物。交配之后，成功受孕的雌羚经过大约半年的孕期，在第二年产下幼崽。

即将分娩的雌羚，会由开阔地带转移到植被覆盖较好、更加隐蔽的丘陵地带，在那里产下幼崽。刚出生十几分钟的小鹅喉羚已经可以站立吃奶。出生后的几天，幼羚们常常卧在隐蔽的地方，而鹅喉羚"妈妈"就在离它们五百米以内的范围里活动。两个月后，小鹅喉羚会跟随鹅喉羚"妈妈"和其他成年雌羚一起觅食活动。这些年轻的鹅喉羚们会在未来的某年冬天，加入繁殖后代的接力中，不断延续自己的血脉。

天下第一雄关——嘉峪关

贺兰山向西，祁连山与北侧的一系列山脉之间的狭长地带，是中原通向西域的咽喉要道——河西走廊。来自祁连山的冰雪融水，汇集成的黑河、北大河、疏勒河等水系，支流众多，在茫茫荒漠中孕育了一处处绿洲，为河西走廊的人类活动提供了水源。

河西走廊深处，讨赖河边，从遥远的鸭绿江畔一路蜿蜒到此的明长城迎来了它的终点。讨赖河深谷的悬崖，是险要的天然屏障，明长城的最后一个烟墩，就建在了这里的绝壁之上。回头看，长城延伸向北，连接着嘉峪关城。因建于嘉峪山下而得名的嘉峪关，与万里之外的山海关遥相呼应，两座关隘有着同样的雄伟英姿和重要的军事意义，难分伯仲，因而共同分享了"天下第一关"的美誉。

下图：嘉峪关以西的明长城遗址，这一带的长城并非砖结构，而是以夯土建筑而成，在气候干旱、常年少雨的地区，夯土城墙不会受到严重的侵蚀。

风雪塞外　THE PLACE OF A BLIZZARD BEYOND THE GREAT WALL

嘉峪关城城堞林立，壁垒森严，内城之外，有东西两瓮城，西瓮城之外又筑罗城，整个关城外还有壕堑，层层设防，大有"一夫当关，万夫莫开"的气势。2.6万平方米的正方形区域里，是嘉峪关的内城，它就像这个古老要塞的心脏，指挥部、兵营、库房等皆在其中。高达9米的城墙以夯土筑成，青砖砌面，垛口、射孔、瞭望孔排布其上。城内的马道，直达城墙顶端。城垣四角有角楼，南北城墙各有敌楼，中轴线上3座三层三檐的木结构关楼，巍然屹立。这些20世纪90年代重新修建的木结构建筑，还原了这座雄关曾经壮伟雄浑的气势。关城东北和罗城南端连接长城，与周围星罗棋布的堡城、烟墩，组成了一整个防御体系。

明初，大将军冯胜西征进入河西走廊时，开始在嘉峪关筑城，这是明代经营嘉峪关的开始。这个西域向明朝入贡的必经之处，是贺兰山与北面的黑山之间最狭窄的地方。两山对峙，中有高岗的地形，居高临下，便于设防，加上周围又有清泉沃土，就成了绝佳的驻防之地。最初的嘉峪关规模尚小，还仅仅是一座孤城。刚从蒙古人手中夺得天下的明王朝，为了笼络嘉峪关以西（以下简称关西）的少数民族，对抗残存的蒙古势力，对关西地区割据的少数民族各部，采取了羁縻政策。这些少数民族首领得到封官授爵，向东内附，并在朝贡来往中得到来自中土政权的恩惠。明王朝同时在关西地区建立卫所，以加强对这一地带的管理和控制。这些卫所的存在，保证了河西走廊的通畅和来往的使团、商队的安全。在明代"薄来厚往"的朝贡中，来贡的使者往往能获得明王朝丰厚的赏赐，他们还可以利用进贡的机会进行商贸活动。来自关西地区的使者们带来中土不常见到的贡品，和明王朝战争所需的马匹，走时将获赐的金银珠宝在中土的市场上出售，换取游牧民族所需的生活用品等物资。这种羁縻政策缓和了边疆矛盾，西北边陲维持着一定程度的

后页：与很多类似的防御性建筑一样，嘉峪关城内的马道能够直达城顶，宽阔的城墙顶上可以跑马。

下图：嘉峪关城墙以夯土筑成，青砖砌面，垛口、射孔、瞭望孔排布其上。传说明代建造嘉峪关时，经过了严密的计划，一共准备了十万块采用特殊工艺制作的城砖，最后只多出一块没有用上。尽管传说并不足信，但它的确反映了一个事实：包括嘉峪关在内的明长城，有着极高的工程质量。

THE PLACE OF A BLIZZARD BEYOND THE GREAT WALL　风雪塞外

稳定环境，地域间的经济文化交流增多，也促进了民族融合。然而这种政策同时也是在养虎遗患，西北的土鲁番政权逐渐崛起，不断掠扰嘉峪关附近诸部落，并最终迫使明王朝在嘉靖年间放弃关西地区，嘉峪关成为真正的王朝边境。在明王朝和土鲁番对关西地区的争夺中，嘉峪关的防御地位日渐提升，被不断扩建完善。在原来土城的基础上筑起关城和关楼，嘉峪关一段的长城也在此时展建，堡城、烽火台、堑壕相连，"营垒相望，哨守相闻"，一个完整的防御工程形成。

清代，新疆地区被收归版图，嘉峪关远离疆界，失去了军事防御的作用，只有驻军在此行使巡检盘查之事。清代晚期，嘉峪关更是成为中俄两国间的通商口岸。坐落在河西走廊蜂腰之地的嘉峪关，虽然已经不再是分隔王朝内外的界限，但仍是过往行人心目中的一个重要的旅途节点。当人们出关向西时，眼前的景象"便与中土殊……前望雪漫漫，黄沙万里宽"。行至哈密，南北分途：北去巴里坤，"其寒彻骨""雪后路迷难辨，恐陷于无底之雪海"；南往吐鲁番，"其地奇热殊常，不可耐，至闭人气息""往往行至中途，有暍（热）死者"。道路崎岖难行，时常遭遇风沙，身处荒漠之中，饮用水也成了稀缺资源。嘉峪关向西，食宿极其艰难，或无旅店，或店中条件差恶不能食宿，

右图：嘉峪关始建于明朝洪武五年，距今已有六百三十多年的历史。清代嘉峪关荒废失修，到民国时已颓败不堪，现在嘉峪关的敌楼和关楼等建筑是20世纪90年代重新修建的。

THE PLACE OF A BLIZZARD BEYOND THE GREAT WALL 风雪塞外

人们常常要在车中过夜，甚至露宿途中。在交通还靠人畜之力的时代，行进速度十分有限，人们不得不在恶劣的环境中日复一日地前行。旅途行至嘉峪关外，仿佛度日如年，不仅食宿温饱得不到保障，还要为性命忧虑。人烟稀少，黄沙漫漫，草木衰败的景象，很容易触发羁旅之人忧伤的感怀。因此尽管清代的嘉峪关已不再是领土的分界，但在当时的人们看来，仍然是一道自然和情感的屏障。

失去了防御功能，周边长城、墩台、烽燧自然也失去了意义，这些防御工程在清代长期无人问津。整个嘉峪关也在清代年久失修，在风沙的侵蚀下渐渐破败。加上兵荒马乱中遭受的人为破坏，到民国时期，曾经的"天下第一雄关"已经"圮败不堪，凄凉触目"，成了一座"废垒"。但与此同时，以汽车代步的人们已经不需要长时间忍受旅途之苦。加上沿途食宿条件改善，地方政府也为过往旅客提供了安全保障，嘉峪关作为旅途分水岭的角色渐渐退去，而慢慢成为一处凭吊古迹的游览之所，正如今天的嘉峪关一样。今天，嘉峪关内外人们的现代生活，和往来于河西走廊中的出行方式，恐怕是曾经艰难跋涉的先人们做梦都不曾想到过的。

食叶声如雨，结茧自藏身

嘉峪关是明长城的最西端，穿过嘉峪关继续向西，横亘在我们面前的是另一堵更加让人望而生畏的天然屏障——一片巨大的荒漠地带向西一直延伸到中亚地区的边缘。干旱、高温、酷热，似乎要扼杀一切生命迹象。很难想象，在这里居然有一条横穿沙漠的道路，这只能是属于那些敢于冒险的勇士。人们之所以肯冒着生命危险穿越这片荒漠，是因为这种曾经比黄金美玉更珍贵的宝物——丝绸。

下图：穿过嘉峪关继续向西，气候更加干旱，一片荒漠向西延伸。

丝，这种华美无比的人间至宝，拜一种不起眼的小虫所赐，这就是家蚕。蚕是鳞翅目昆虫，这个目中包括了大家熟悉的蝶、蛾两类动物，蚕属于后者，因此蚕的成虫被称作蚕蛾。昆虫是一群在成长过程中会经历一系列显著的形态变化的动物，有的昆虫在整个发育过程中会经历卵、若虫、成虫三个阶段，这种情况被称作不完全变态发育，如蜻蜓；而有的昆虫发育过程中还有蛹期，经历卵、幼虫、蛹、成虫四个阶段，被称作完全变态发育，如蚕。

家蚕的一生是从一枚卵开始的，家蚕的卵约有芝麻粒大小，蚕宝宝刚从卵中孵化时体长只有两毫米左右，全身黑色，被称为"蚁蚕"。蚕宝宝食量巨大，而且挑食，它们狭窄的食谱中，最著名的是桑叶，除此之外，还可以用柘树、构树、榆树和几种菊科植物的叶子作为替代品。当这些进食速度惊人的"大胃王"在一起咀嚼叶子时，声音清晰可闻，被苏辙形容为"食蚕声如雨"，这个比喻可以说非常贴切了。

随着发育，蚕宝宝会经历几次蜕皮。昆虫幼虫的发育过程中，通常用虫龄来描述它们的蜕皮过程。蚕的幼虫从蚁蚕到第一次蜕皮的期间叫作一龄幼虫，之后每蜕一次皮，就会增加一龄，蚕宝宝的体型越来越大，体色也越来越

右图：蚕初孵化时黑色且多细毛，随着发育，经过多次蜕皮，颜色逐渐变浅，体表变得光滑。蚕的幼虫食量很大，结茧前体重能增加到初孵化时的一万倍。家蚕是人类成功驯化的动物之一，经过长期驯化，家蚕能够适应高密度的人工饲养。

后页：家蚕的生活史，图中央是食桑叶的蚕幼虫，外围整个环的顶部是蚕的卵，发育沿着顺时针方向进行。卵孵化出蚁蚕，蚁蚕经历数次蜕皮，每次蜕皮增加一龄。不同品种的蚕有不同的"眠性"，图中是一种五眠蚕，经历了五次蜕皮，从一龄幼虫到五龄幼虫。然后幼虫结茧，在茧中化蛹，然后成蛾。蚕蛾破茧而出，雌雄蚕蛾交配，雌蚕蛾产卵，卵又开始一轮新的生命周期，如此循环。

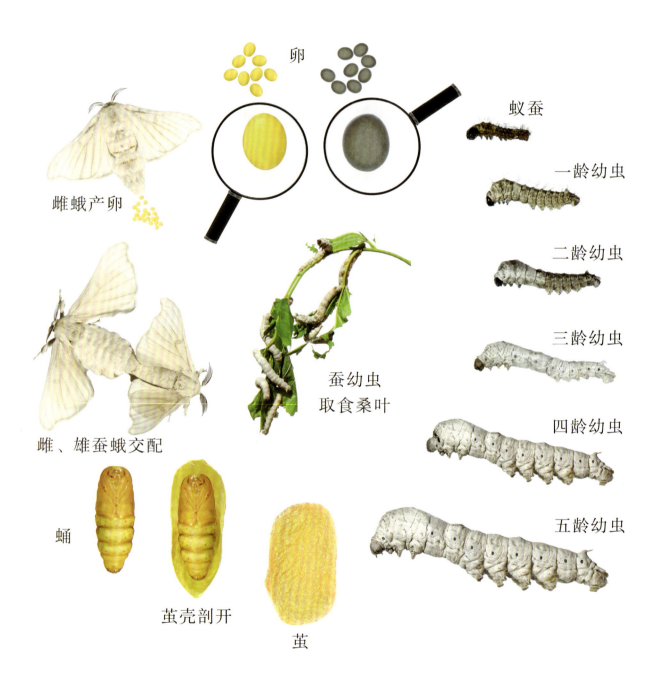

浅。当蚕宝宝最后一次蜕皮之后，它就成了白色的老熟幼虫。此时，它们的体重相比刚孵化时，已经增加了大约一万倍，它们身体里的丝腺能占到身体的四分之一大小。随后它们分泌出液体，在空气中凝固成一根丝线，这根丝的长度能达到一千米。这根丝结成一颗茧，把蚕包裹其中。蚕在每次蜕皮之前，都会经历一个食欲降低和活动减少的阶段，看起来好像是睡着了，被称为"眠"，一次蜕皮，即一眠。不同品种和环境条件中，蚕蜕皮的次数不同，常见的有三眠蚕、四眠蚕等。古代文学中常见到这样的描述，如"吴地桑叶绿，吴蚕已三眠"（李白《寄东鲁二稚子》），"织夫何太忙，蚕经三卧行欲老"（元稹《织妇词》），"蚕种须教觅四眠，买桑须买枝头鲜"（黄燮清《长水竹枝词》）。

接下来，蚕躲在茧壳中经历隐秘的蜕变，从柔软的幼虫变成一颗坚硬的蛹；再一次的嬗变之后，它们拥有了一对翅膀。羽化后的蚕蛾咬破蚕茧，重见天日。雌雄蚕蛾交配之后，雌蛾产下卵，一只蚕蛾能产下几百枚卵。完成了传宗接代任务的蚕蛾，也将"不久于世"，生命就在这样的轮回中周而复始。蚕每年可能只产下一代，也可能繁殖多代，这被称为蚕的化性，一年一代的，即一化性，以此类推还有二化性、多化性。据记载，三国时期吴国曾经培育出一年八化的蚕，"八茧"也成为一个常见的指代蚕的典故。

自然界能制造天然纤维的动物很多，例如大家熟悉的蜘蛛。蜘蛛丝在诸多方面的性能都优于蚕丝，但人类却很难从蜘蛛那里获得像蚕

上图：蚕经历最后一次蜕皮后，会变成白色的老熟幼虫，然后它们吐出一根丝，把自己裹成蚕茧。

上图：蚕茧和茧中的蚕蛹。包裹于茧内的蚕幼虫在其中变态成蛹，然后羽化成蛾。天然蚕茧的颜色以白色最为常见，此外还有黄色、粉色、绿色等，这些天然彩色茧的颜色来自蚕所吃食物中的类胡萝卜素、黄酮类色素等色素。结彩色茧的蚕能够把食物中的色素转运到丝腺内，从而产生彩色的丝，这种能力来自它们携带的相关基因。

后页：家蚕的蚕蛾全身覆盖着白色的鳞毛，经历了长期的驯化，它们看起来身躯肥硕，而翅膀相对较小，已经丧失了飞行能力。注意图中的触角，蛾类的触角呈栉齿状，而蝶类的触角是棒状，这是蛾类与蝶类的区别之一。

丝一样大量的蜘蛛丝。事实上绝大多数动物都是很难被驯化的，人类成功驯化的动物不过是九牛一毛，家蚕就是其中之一。但一旦被驯化成功，家养动物们往往能够为人类贡献巨大的能量，因此古人说"蜘蛛虽巧不如蚕"。家蚕可能是由野蚕驯化而来，从野生动物到家养动物，蚕经历了漫长的驯化过程，发生了显著的变化。比如家蚕能够适应高密度的人工饲养；家蚕蚕蛾的身体已经变成白色，倘若在野外环境中，这种颜色恐怕很容易就被天敌发现了。它们那对小小的翅膀，在胖嘟嘟的身体上显得不太相称。事实上，它们几乎丧失了飞行能力，雌性蚕蛾甚至连爬行都不甚灵活，它们的身躯比雄性蚕蛾更大。那么家蚕拥有这一切家养特征的起点是哪里，它们从什么时候开始进入人类的驯养环境之中？

可以想象，故事的开始，应该是人类发现了蚕丝这种神奇纤维的妙处。也许是先民们发现蚕茧在被雨打湿之后变得柔软，能够拉成丝线，柔软舒适，比麻、葛之类的纤维更好，于是蚕丝成为受先民喜爱的衣物来源。最初对蚕丝的利用，应该是以采集为主的。随着需求量的增大和定居生活的出现，人们逐渐开始尝试饲养这种昆虫，并成功驯化了它们。养蚕逐渐发展成了一个产业，一个维系中国数千年封建经济的、不可或缺的产业。中国古代历来以"农桑"并举，"耕织"并重，传统养蚕业拥有与农业比肩的地位。

也正是因为这种举足轻重的地位，在古人的神明体系中，掌管和保佑养蚕业的蚕神，自然也必有一席之地。在中国，有关蚕的神和传说，

THE PLACE OF A BLIZZARD BEYOND THE GREAT WALL 风雪塞外

最著名的莫过于嫘祖。典籍中记载，嫘祖是"西陵之女"，嫁为黄帝元妃。相传，嫘祖发明并向人传授养蚕之术，因而被奉为"先蚕"之神。不过这种说法出现得很晚，南北朝时才出现，在宋元以后逐渐风行起来。远古的事情已经难寻踪迹，很难知道得很清楚，这也许正是为什么在传说中，人们倾向于把农业、建筑、音乐、医学、军事等众多重要事情的源头都归于一位人文初祖——黄帝。但传说毕竟只是传说，事实上，有关养蚕的起源，各地的传说众多，并不仅限于黄帝和嫘祖，例如传说中古蜀国的开国之君蚕丛氏，就是个开启了蜀人养蚕事业的养蚕专家。而现实中的考古证据，也将养蚕的起点指向了新石器时代的广泛地域中。浙江余姚河姆渡遗址（约5600—7000年前）出土了木、陶、石纺轮和原始织机部件，同时出土的一件骨质小盅上，描绘着形态逼真的蚕幼虫形象；山西夏县阴村仰韶遗址（约5600—6000年前）出土了半个有人工割裂痕迹的蚕茧壳；河北正定南场庄仰韶文化遗址（约5500年前）出土了陶质蚕蛹；浙江吴兴钱山漾良渚文化遗存（约5300年前）出土了带有先缫后织痕迹的丝线和丝绸残片……这些考古证据意味着：不同地方的先民，很可能是在各自的环境中分别开始了蚕的驯养；也或许，养蚕技术从某一地域起源，并在不长的时间内迅速向外扩散开来；但毫无疑问的是，对蚕的利用和驯养，是源于中国的一大创举。

作为丝绸之路上的交通重镇，新疆地区的养蚕丝织业很早就发展起来。关于新疆养蚕的起源，玄奘法师的《大唐西域记》里记载了这样一个故事：瞿萨旦那国（即古于阗国，今和田）原本不会种桑养蚕，听说东方的国度有蚕，便遣使去求，但东国国君秘而不赐，并下达禁令，严防蚕种出境。瞿萨旦那国王只好另辟途径，他向东国求婚，东国国君有怀远之志，同意了他的请求。瞿萨旦那国迎亲的使臣来到东国，按照国王的嘱托对公主说，瞿萨旦那没有蚕种，请公主带些蚕种来，以便以后做自己的衣服。公主听后，将蚕种藏在了自己的帽子中。出境检查时，关防士兵不敢查验公主的帽子，蚕种就这样被带入了瞿萨旦那国。

类似"东国公主传蚕种"的传说，至今还在和田地区流传。传说中的"东国"究竟是哪里，众说纷纭，中原、高昌、鄯善等都在猜测之列。但无论如何，作为养蚕的发源地，中原地区应该是新疆养蚕丝织业的最终源头。考古证据显示，大约在公元3世纪，养蚕丝织技术就已经传入新疆，并在之后的发展中，产生了龟兹、疏勒、高昌、鄯善、于阗等一系列丝织中心，创造了龟兹锦、疏勒锦等独具特色的丝绸织物。

大约在明末清初，和田、喀什等地的手工业者融合中原、中亚等地的技术，创造了闻名于世的艾德莱斯绸。时至今日，和田仍然是带有浓郁新疆特色的艾德莱斯绸最主要的产地之一。在和田，你依然能够看到用古老的织机纺织丝绸的加工作坊。人们还会用这种千百年来传统的方法缫丝：先把蚕茧丢入加热的碱水中，溶解蚕茧中的部分胶质，使蚕茧渐渐散开，变成一缕缕丝。这些丝被抽出并收集起来，之后经过多道工序，纺成粗细适宜且均匀的生丝。

冬暖夏凉、轻柔舒适、光彩照人的丝绸，

不仅在中国备受喜爱,当它传入欧洲时,同样展现出了让人难以抗拒的魅力。古希腊、古罗马人为这种来自东方的华贵面料所倾倒,经过印度、安息等地辗转到达欧洲的中国丝绸,身价陡增百倍,堪比黄金。然而欧洲的上流社会仍然对它趋之若鹜,以至于为了购买丝绸,"金银如水东流"。丝绸带来了无尽的财富,也正因如此,古代商队踏出了著名的丝绸之路。东西方之间的丝绸贸易,远在张骞的凿空之旅以前,就已经存在。当张骞在西域之行中发现了这些贸易往来的通道之后,汉朝官方对这些道路的经营和维护,上升到了国家战略的高度。通过在河西地区修缮长城、设立西域都护府等一系列努力,丝绸之路的畅通得到了保证,东西之间的贸易迎来了前所未有的繁荣。之后的朝代更迭中,中原的局势分分合合。在割据混乱中,丝路常常阻滞不通,而当稳定的局面再次来临时,丝路迎来了它的极盛。隋唐时代,统一的国家,强盛的国力,和开放包容的胸怀,成就了丝绸之路的空前繁荣。中华大地几乎成了万国博览中心,来自世界各地的使者、商人、艺人、工匠纷至沓来,瑰丽多姿的文化在这个舞台上交相辉映。各地的产品、技艺、物种、宗教,乃至疾病在丝路沿线流通传播。在所有的货物中,丝绸有着非同寻常的地位:在中国与外域漫长的交往中,"交易链条最长的是丝

左图:和田古镇是古老丝绸之路上的一颗明珠,这里还保留着作坊式的手工丝织业。人们沿用着传统的缫丝方法:先把蚕茧丢入加热的碱水中使蚕茧散开,手工抽丝,然后用传统的手摇纺车纺丝。

上图：染色后的蚕丝被纺织成丝绸布料，在这个加工作坊里，纺织是用传统的织机纯手工完成的。织机上的丝绸，即艾德莱斯绸，这种丝绸以色彩艳丽且对比鲜明著称，和田是艾德莱斯绸的重要产地之一。

塔克拉玛干

自嘉峪关继续向西进入新疆，古丝绸之路一分为三，这是一系列由沙漠绿洲连缀成的通道。其中的南道，将进入塔里木盆地，向西途经世界上最大的流沙沙漠——塔克拉玛干沙漠的南缘。对于奔波在古代丝绸之路上的商人来说，最大的问题是怎样横穿延绵数百千米的沙漠，把这些昂贵的丝绸运送到中亚甚至欧洲。踏上丝绸之路的商队必须经过当时世界上环境最为恶劣的一些地方，旅途的艰辛难以想象。

一个多世纪以前，一位西方探险家曾沿着与我们的旅程相反的方向，取道古丝路南线，自西而来，进入塔克拉玛干沙漠。这个人，就是大名鼎鼎的斯文·赫定。斯文·赫定这个名字，在西域考古史上堪称如雷贯耳。作为探险家，这个极富冒险精神、勇气和毅力的瑞典人，在长达四十年的时间里，先后5次来到中国，在人迹罕至、凶险异常的雪山、荒漠中穿行。当时的中国社会，处在一片混乱之中，本土的科学考察尚处在萌芽时期，中国人对自身文化、自然财富的保护十分有限。在这样的背景下，中国这片科学界的"处女地"就仿佛"淘金者"的乐园，一不小心就会以重大发现名垂青史。而斯文·赫定，与很多来到中国考察的西方探险家一样，成为诸多领域的拓荒者，比如他最负盛名的成就——楼兰古城遗址的发现。

19世纪末，当斯文·赫定离开喀什，向塔克拉玛干沙漠发起挑战时，他从当地人那里听

绸，处于价值顶端的也是丝绸"，丝绸是"一个重要的……有生命力的贸易符号"。因为丝绸贸易引起的利益纷争，甚至卷起了一次又一次战争。可以说在世界历史上，丝绸的影响力不可小觑。这或许就是德国地理学家李希霍芬将历史上的这些贸易通道，命名为"丝绸之路"的原因。

驼铃阵阵，羌笛悠悠，丝路跨越无垠戈壁、茫茫大漠、崇山险阻，把中国文明、印度文明、罗马文明联系在一起，将古代中国推上国际舞台。丝绸之路是商路，是文化走廊，也是文明之路，它所承载的开放包容、博采众长的民族精神，成为一种推动人类文明进步的力量。

到了很多关于这片沙漠的故事。"我们无论走到什么地方,都听见关于我们的目的地塔克拉玛干沙漠的传说。有人谈到一座塔克拉玛干古城,它埋在沙漠中间的沙堆里;但在塔、墙和房屋的颓垣中间还到处散置着金子和银锭。如果有一队旅行团到达那里,并且他们的骆驼都驮上了捡到的金子时,则他们的带路人一定会中了魔,老是围着圈走,一直到他们倒毙为止。你以为是照直走,实际上全部时间在一个圈子里头打转。如果把金子抛下,那魔就解了,人才有救。"大概是源于探险家的"职业病",当地人对这片"死亡之海"恐怖的描述,不仅没有让他萌生退意,反而"穿到沙漠内部去的念头一天比一天强烈,这是一种奇异的诱惑"。两个月后,斯文·赫定进入了沙漠的中心地带,虽然他并没有在这里捡到金子,但他的确遇到了麻烦。他的队伍携带的饮用水严重不足,他们还遭遇了强风沙,"西风卷起沙土将天空染成红黄色"。一度体力消耗殆尽的斯文·赫定,曾以为自己大限将至,他后来称这次旅行是"最艰难的一次"。但最终他还是得到牧民的帮助,走出了这片沙漠。

事实上,"塔克拉玛干"这个名字,被学术界所广泛采用,正是源于斯文·赫定和同时期西方探险家的使用。这个词来自维吾尔语音译,大概是由于斯文·赫定记录下的神秘传说和他自己九死一生的经历,让"塔克拉玛干"被解读为"进得去,出不来"之类的意思,并且流传甚广。然而事实上,关于这个词的语源来自哪里,究竟原本是什么含义,至今尚未有定论。关于这个词的语源,就有维吾尔语、波斯语、古突厥语、阿拉伯语等诸多说法。至于这个词的原义,更是众说纷纭:荒废的故乡、被遗弃的故乡、埋在沙子地下的故乡、原本的故乡、盛产葡萄的地方、多胡杨的地方,等等。

无论"塔克拉玛干"有着什么样的含义,这片沙漠对曾经只能依靠骆驼的旅人来说,都是个严峻的挑战。西行的玄奘法师在《大唐西域记》中这样形容这片广阔的不毛之地:"沙则流漫,聚散随风,人行无迹,遂多迷路。四远茫茫,莫知所指……风起则人畜惛迷。"在这片东西长约一千千米,南北宽约四百千米,面积三十多万平方千米的沙漠里,沙子似乎是整个世界的主宰。只有胡杨、柽柳、拐枣这类耐干旱的沙生植物能在靠近水源的地方生长。茫茫沙海之中,很容易迷失方向。白天沙子表面的温度足以烫熟鸡蛋,一旦不能及时得到饮用水,便有性命之忧。这里风沙频繁,当狂风卷起沙尘暴时,形成一道道沙墙,遮天蔽日。狂风吹动着沙丘整个向前移动,能瞬间将遇到的所有东西埋葬。

塔克拉玛干沙漠里遍布着沙丘,这里有世界上最高的沙丘群,西来的狂风将黄沙卷到更高的沙丘上,经过千万年的堆积,使得一些巨型的沙丘已经高达五百多米。风把沙丘塑造成了复杂的形态,波谲云诡,变幻莫测:单一的风向将沙丘塑成新月形,复杂的风向造成了金字塔形的沙丘,此外还有蜂窝状、羽毛状、鱼鳞状的沙丘,以及多个沙丘组成的沙丘链、复合型沙垄,这些矮则几十米,高可达数百米的庞大沙丘,在风力作用下不断移动,仿佛条条巨龙游弋。沙丘移动的方向与风向相似,移动最快的沙丘，可以以每年超过十米的速度行进。

　　风沙的相互作用，不仅塑造了沙漠中复杂的沙丘，还在西部的干旱环境中创造了另一种神奇的地貌——雅丹地貌。"雅丹"这个词，同"塔

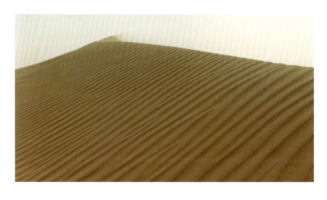

上图：狂风不断将沙丘迎风面的沙子向背风面搬运，使得整个沙丘向风吹去的方向整体移动。

下图：塔克拉玛干沙漠面积达30万平方千米，是世界上最大的流沙沙漠，这个区域遍布着沙丘，沙丘在风的作用下呈现出各种各样的形态。这里有世界上最高的沙丘群，一些巨型的沙丘已经高达五百多米。

克拉玛干"一样，也是经由斯文·赫定而被广泛使用的地理名称。在中国，雅丹地貌集中分布在西北部新疆、甘肃和青海的干燥地区。这是一种在外力（风力、水力）侵蚀作用下形成的地貌：地表被远古湖泊河流中堆积形成的沉积物覆盖，流水在地表冲蚀出沟谷，风沿着这些沟谷吹蚀，将原来的高地分割成风蚀残丘。地表的沉积物在层层沉积的过程中结构并不均匀，有的松散，有的致密坚硬。在被侵蚀的过程中，那些松散的沙层更易被搬运走，留下更加坚硬的部分，就形成了这种凹凸相间的形态。水、风和流沙是富有想象力的艺术家，在沙漠戈壁中创造出千姿百态的作品。斯文·赫定曾描述他所见的罗布泊雅丹地貌：像桌、塔、飞檐、古屋、城墙、壁垒、卧狮、伏龙、狮身人面像……状如城堡的风蚀残丘，诡秘异常的地貌，难以辨认的方向，和犹如鬼兽嚎叫般的尖利风声混杂在一起，令人不寒而栗，因此雅丹地貌常被人们称为"魔鬼城"。

　　很多旅行者在塔克拉玛干沙漠中听到过诡异的声音。"时闻歌啸，或闻号哭，视听之间，

THE PLACE OF A BLIZZARD BEYOND THE GREAT WALL　风雪塞外

上图：雅丹地貌。

恍然不知所至，由此屡有丧亡，盖鬼魅之所致也。"这是玄奘法师的记述。马可·波罗则在游记中写道："白昼时人们也能听到鬼怪说话，有时有无数乐器合奏的声音，时常还有打鼓声。"这些奇异的声音当然不会是鬼魅之声，这种现象被称作鸣沙，这并不是塔克拉玛干的专利，世界上很多地方的沙漠都有这种现象，它产生的机制至今还是个未解之谜。很多学者相信，这种声音是沙粒摩擦所产生的，但对具体过程的解释不尽相同；除此之外，尚有其他各种假说存在；总的来说还没有哪种假说能完美地解释这种现象。

如今，三条公路从塔克拉玛干沙漠穿过，驱车行进在沙漠公路上，沿途变换的植被和沙丘形态都成了风景，进出沙漠最快只需要几小时时间。但在没有汽车这种代步工具的时代，旅行者能依靠的，只有骆驼。

后页：新疆魔鬼城。雅丹地貌中的一些风蚀残丘状如废弃的城堡，戈壁大漠中尖利的风声犹如鬼兽嚎叫，诡异的气氛令人不寒而栗，因此雅丹地貌常常被人们称为"魔鬼城"。

下图：塔克拉玛干沙漠对于旅行者来说是个巨大的挑战，高温、狂风、沙尘暴和迷失方向，都有可能使他们葬身沙海。

风雪塞外 THE PLACE OF A BLIZZARD BEYOND THE GREAT WALL

风雪塞外

无数驼铃遥过碛，
应驮白练到安西

骆驼，是一类典型的适应干旱荒漠环境的动物。骆驼属现今包括了三种动物：单峰驼、家养双峰驼和该属唯一尚存的野生物种，野生双峰驼。野生单峰驼已经灭绝，家养的单峰驼主要分布在非洲北部和亚洲西部地区，相比双峰驼，它们的身躯更纤瘦，四肢更细长，被毛疏短。双峰驼主要分布在亚洲中部，中国的骆驼主要是双峰驼，它们体型更粗壮，毛皮更厚。

绝大多数生物都无法在塔克拉玛干生存，但是骆驼因为它独特的身体构造而成为一个例外。沙漠中的旅行者面对的最大威胁，就是缺水。对于驼队来说，穿越沙漠其实就是从一个绿洲转移到另一个绿洲。古往今来，骆驼都被视作干旱地带中可靠的运输工具。

下图：通过卫星可以更好地看出塔克拉玛干沙漠的干旱程度，它是地球上离海洋最远的一个沙漠，缺水是塔克拉玛干沙漠的主要成因。

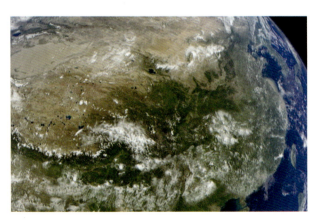

上图：家养单峰驼主要分布在非洲北部和亚洲西部地区，相比双峰驼，它们的身躯更纤瘦，四肢更细长，被毛疏短，适应炎热的硬质沙漠环境。

后页：双峰驼主要分布在亚洲中部地区，它们体型更粗壮，毛皮更厚，适应冬季寒冷和昼夜温差大的环境。

骆驼是干旱荒凉之地的"生存大师"。它们以多种荒漠植物为食，有刺的树和灌木、盐生植物，都不在话下。在食物缺乏时，它们甚至可以吃骨头、肉、帆布等充饥。它们背上的驼峰，就像一个便携的能量储存器，里面储存的脂肪，能让它们在没有食物的情况下生存数天。骆驼有灵敏的嗅觉，能探知 1.5 千米外的水源地。在茫茫大漠，很难预料下次喝到水是什么时候，于是碰到水的时候，一匹骆驼可以在 10 分钟内喝掉 60 升水。这些水充满在围绕着胃的小室中，骆驼的体内能储存超过 100 升的水，足够让它们在不喝水的情况下生存数周。骆驼还有一项储存水分的绝技，它们的红细胞呈独特的椭圆形，吸水膨胀到原本体积的 2.4

风雪塞外 THE PLACE OF A BLIZZARD BEYOND THE GREAT WALL

188 | 风雪塞外

倍仍然不会破裂。骆驼也能喝下轻微含盐的水，多余的盐分浓缩后会随尿液排出。缺水时，除了吃沙生植物获取少量水分，它们还可以分解体内储存的脂肪。每消耗一千克脂肪，能释放出一千克水。为了维持身体中珍贵的水分，骆驼在开始流汗前，体温可以上升6℃。骆驼吸气时，鼻腔能够湿润沙漠中干燥的空气，呼气时再将水蒸气过滤，以减少水分散失。水蒸气的过滤得益于巨大鼻孔里可以自由开合的瓣膜结构，这一结构还能够阻挡沙土进入鼻腔。骆驼厚厚的皮毛在夜晚能御寒，白天能反射阳光，帮助它们应付沙漠中巨大的昼夜温差。烈日下，骆驼常常背对着太阳卧下，减小身体接受阳光的面积。骆驼宽阔的盘状足垫能够负担它们庞大的身躯，在松软的地面上行走也不至于陷入其中。

正是因为骆驼这些沙漠生存的绝技，加上温顺的性格、良好的负载能力和耐力，让骆驼成了穿越戈壁沙漠必不可少的杰出运输工具。凭借骆驼的运载，中亚、西亚直至欧洲的文化中心罗马，获得了他们梦寐以求的中国丝绸。

下图：当驼队到达一个饮水点时，一匹骆驼可以在10分钟内喝掉60升水，并将大量水分储存在体内，之后能连续几天不用喝水。

上图：骆驼独特的身体构造让它们能够在沙漠中生存，加上温顺的性格、良好的负载能力和耐力，让骆驼成了穿越戈壁沙漠的杰出运输工具。

从汉到唐的文物中，我们能够看到古人创作的千姿百态的骆驼形象，驼背上的一捆捆丝绸、一束束生丝，让人想起"无数驼铃遥过碛，应驮白练到安西"的盛象。从某种意义上说，丝绸之路是一条骆驼踏出的连接欧亚的商路。一队队骆驼载货行走在大漠的形象，是人们对丝绸之路的典型印象，骆驼已经成为丝绸之路的一种象征。

下图：收藏于西安博物院的唐三彩载物骆驼，双峰驼背上满载着丝束等货物，似乎在向今人诉说着当年丝绸之路上的繁忙景象。

风雪塞外

沙漠绿洲

即使在沙漠中，仍然有些地方能够为人类的生存提供适宜的环境，这些地方草木繁盛的地方，仿佛沙海之中的绿色岛屿，被称为绿洲。绿洲为旅行者提供的补给，是穿越塔克拉玛干必不可少的条件，如果没有绿洲，塔克拉玛干沙漠将了无生机，也不可能穿越，更别说在沙漠中旅行了。但在沙漠里没有什么是永恒不变的东西，恶劣的环境使这里充满变数，流沙和酷热会把最宝贵的水源带走。地处天山山脉东部山间盆地中的艾丁湖，就发生过这样的事。大约在两百多万年前的上新世末期，艾丁湖就已经存在，那时艾丁湖还是个水面广阔的淡水湖。中更新世以后，淡水湖逐渐变成咸水湖，直至盐湖，湖面也逐渐缩小。如今艾丁湖大部分已经干涸，湖水季节性存在，且水很浅。从大的时间尺度看，艾丁湖的变迁是地质和气候等自然因素影响下的结果；同时人类活动需水量的猛增，也是艾丁湖近代以来迅速缩小的原因之一。现在的艾丁湖湖床低于海平面154米，是中国内陆海拔最低的地方。这里也是中国最热的地方，空气温度达50℃，地表温度高达80℃。

但在艾丁湖不远的地方，有一片人类居住的区域，这就是吐鲁番绿洲。形成绿洲的条件很多，最重要的莫过于水，所谓"无水是荒漠，有水变绿洲"。吐鲁番盆地是个名副其实的"火洲"，极端高温接近50℃。干旱少雨，年降水量不足3毫米，但因为高温多大风，年蒸发量却高达两千八百多毫米。吐鲁番这片绿洲的水，来天山山脉的雪山——吐鲁番盆地北部的博格达山和西部的喀拉乌成山。春季来临时，雪山上的冰川融水从山顶流下；到了夏季，高山截留住了高空水汽，形成降水。山地的植被稀少，积蓄水分的能力有限，大量的水分形成地表径流，向吐鲁番盆地输送，水流所经之处，地表的砾石透水性很强，一些河流甚至全部渗入地下，在吐鲁番盆地的西北边缘，形成了一个巨大的潜水带。当地人为利用这些宝贵的水资源，建造了巧妙的水利系统——坎儿井。关于坎儿井的文献记载始自清代，这种水利设施的起源至今扑朔迷离，它或许是新疆人们的原创产物，也或者是自波斯或中原地区传入。但无论如何，将坎儿井沿用至今的绿洲，是这项水利创举的最好代言；也正是坎儿井，成就了吐鲁番这片绿洲的繁荣。

坎儿井的主要结构，包括了竖井、地下暗渠、地上明渠和蓄水池。它们可以把渗入地下

下图：艾丁湖曾经是个很大的淡水湖，后来逐渐干涸，曾经的湖床已经变成了戈壁。

的水，不用任何动力地引出地面，形成常年不断的自流水。竖井由地面垂直向下，是挖掘暗渠、运送砂石的通道和通风口。从竖井和暗渠挖掘出的土，堆在竖井口周围，形成大大小小的土堆，防止雨水和洪水流入井内。从上游至下游，竖井逐渐变浅，从九十多米，减少到十多米。竖井每隔二三十米设置一个，各个竖井由地下的沟渠——暗渠串联起来。暗渠是整个坎儿井系统的主体，前段暗渠位于地下水位以下，用以截断和引流地下水；后段则在地下水位以上，用以输送水流。吐鲁番地区最长的暗渠，长达25千米。挖掘暗渠时，利用盆地北高南低的地势，使整个暗渠的坡度小于地面坡度，就能使地下水像自来水一样，被自然引出地表；同时地下的水渠也可以在水的运输过程中减少蒸发。明渠是地面的导流渠道，将暗渠出水口流出的水导入蓄水池。蓄水池被称作涝坝，这些池塘可以为生活和灌溉提供用水。千百年来，当地人对坎儿井的开凿一直在进行，形成了三千多千米长的地下暗渠系统，这个巨大的地下"水网"，堪称沙漠中的水利奇观。

坎儿井的使用造就了吐鲁番的灌溉农业，使吐鲁番成为闻名天下的优质葡萄产地。8月正是葡萄的采摘季节，满目都是累累硕果。在

下图（上）：坎儿井的地下暗渠。

下图（下）：地面上一排排的环形土丘，就是坎儿井竖井的井口。

下图（上）：红尾沙鼠生活在新疆北部地区，是一种穴居动物。

下图（下）：一只红尾沙鼠正在晾葡萄干的晾房里觅食，居住在人类果园中的红尾沙鼠过着"养尊处优"的生活，晾房里掉落的葡萄为它们提供了丰富的食物。

吐鲁番郁郁葱葱的葡萄园中，有一种动物活得非常滋润，它们是红尾沙鼠。沙鼠是一类适应荒漠沙地环境的啮齿动物，生命力极其顽强，但在吐鲁番，它们过着"养尊处优"的日子。红尾沙鼠是一群穴居动物，它们的洞穴有时可以非常复杂，起居的巢穴和食物储藏室分在不同的洞层中。居住在荒漠和荒漠草原中的红尾沙鼠，多以野生植物的茎、叶、种子为食。而在人类农田、果园中的红尾沙鼠拥有更优越的"伙食"条件，农作物的种子、葡萄果实都是它们的美味佳肴，这些地方的小动物在作物收获的季节往往异常活跃。采摘后的葡萄，有些会被直接送到集市上出售，但绝大多数都被挂在特殊的晾房里晾干。这对任何啮齿动物来说都是一种不可抗拒的诱惑。红尾沙鼠是个出色的攀爬高手，但满地都是散落着没人看管的葡萄，它们才不会费劲爬上葡萄藤呢。在吐鲁番，人和动物都没有被艰苦的生存条件限制，他们通过自己的聪明才智，顽强地活了下来。

新疆现存的一千多条坎儿井主要分布在吐鲁番和哈密地区，这些庞大的水利网络，犹如绿洲的血管在地下贯通，承载着当地灌溉农业的命脉。有了坎儿井，才有了哈密的瓜和吐鲁番的葡萄。这项伟大的水利工程，使生活在吐鲁番、哈密这些干旱炎热地区的人们得以繁衍生息，滋养出一方绿洲文化。但在沙漠中，并不是所有地方都像吐鲁番这样富足。

由于独特的自然条件和历史环境，新疆保存下了数量众多的古城。这些古城很多都曾经是丝绸之路上的繁华都市，但在岁月的流逝中，它们走向了没落，仅留下残骸在风沙中诉说往

上图：新疆是中国最大的葡萄产区，吐鲁番的葡萄产量占据新疆的半壁江山，约为全国的十分之一。这种叫作无核白的葡萄品种，是吐鲁番地区种植的主要品种。吐鲁番日照时间长、海拔高、温差大，非常有利于葡萄的糖分积累，出产的高品质葡萄享有盛誉。

日的繁华。这些古城走向灭亡的原因各种各样，但大部分的原因，仍然是水。气候变化、河流改道、风沙活跃等环境因素致使水资源枯竭。曾经的绿洲消失，城市也就逐渐衰败在风沙之中，例如著名的楼兰古城、尼雅遗址，均属此类。

在吐鲁番地区，就保留了两座著名的古城遗址：位于吐鲁番市以西约十千米的交河故城，和以东约三十千米的高昌故城。吐鲁番地区地处河西走廊以西，是古代中原地区与西域之间往来的要地，这也是两座古城曾经繁盛一时的

THE PLACE OF A BLIZZARD BEYOND THE GREAT WALL 风雪塞外

上图：葡萄收获后，会被挂在晾房里风干，砖砌的晾房四壁留有大量通风孔，保证了葡萄风干需要的条件：通风良好，又避免阳光直射。

原因之一。汉代，交河城是西域古国车师前国的都城。丝绸之路的畅通和吐鲁番地区和平稳定的环境，使得交河城的经济、文化得到发展并走向鼎盛，成为吐鲁番地区的政治、经济中心。南北朝时期，中原地区陷入战乱，控制河西走廊地区的政权不断更迭，交河以东、离河西地区更近的高昌被作为一个战略重镇，高昌由此取代了交河在吐鲁番地区的地位。时至唐代，丝绸之路迎来空前的繁荣，交河和高昌，成为丝路上的两颗交相辉映的明珠，成为东西经济、文化交流的枢纽。元代末年，交河城毁于战火；高昌城也在明代的战乱中被废弃。两座古城从此消失在历史中，直到20世纪初，

西方探险家在戈壁之中发现了它们，这两座跨越了千年历史的古城，才重回人们的视线。尽管经过数百年的风沙洗礼，故城已远不是当年的模样，但从那些鳞次栉比的建筑和四通八达的街道遗址中，依然能感受到它们曾经的繁华。

在丝绸古道上，最著名的城市——喀什，现在依然存在。古丝绸之路的中线，经过吐鲁番、轮台、阿克苏，继续向前，就到达了喀什，并在这里与从塔克拉玛干沙漠南缘延伸而来的南线汇合。历史上，喀什一直是天山以南著名的政治、经济、文化、交通中心，中国对西方经济文化交流的交通枢纽与门户。西汉张骞出使西域途经此处时，这里是西域三十六国之一的疏勒；东汉班超经营西域时，疏勒的盘橐城

下图：交河故城中的建筑多以生土筑成，以一条中央大街为中轴线，两侧分布着官署、寺庙、居民区等各类建筑。

风雪塞外 | 193

风雪塞外　THE PLACE OF A BLIZZARD BEYOND THE GREAT WALL

上图：高昌故城，这座城始建于汉代，历经一千多年的时光，见证了高昌历史上数个不同的时期，直到明代才在战乱中被废弃。这个占地约两百公顷的城市，曾是西域的大都市，城中的建筑多以夯土筑成，大部分建筑已经湮灭，保留下的只是曾经的一小部分，凭借遗址勾勒出的轮廓，仍然能感受到整个城市当初的雄姿。

右图：交河故城，整个城建在一块柳叶形的狭窄台地上，南北长一千七百多米，东西最宽处约三百米，台地高三十多米，台地两侧河水分流而过，形成一种易守难攻的地势。城中的建筑依地势因地制宜，多采用"减地留墙"的方法，从台地表面向下挖掘出类似窑洞的建筑。

是他的大本营；唐王朝在西域设立安西都护府，这里是"安西四镇"之一；玄奘法师途经这里西行求法；回鹘喀喇汗王朝在此建都；马可·波罗经由这里去往元上都……19世纪末，斯文·赫定从这里进入新疆，开启了他的发现之旅。在这里，斯文·赫定遇到了众多出于各种目的来到这里的外国人，其中就包括了曾到过长白山的杨哈斯本。杨哈斯本在日记中记录了他眼中的喀什，在他看来，这里人口稠密，虽交通不便，但并不闭塞，来自中国、俄国、印度、阿富汗、布哈拉、君士坦丁堡的商人不绝如缕，各国的

THE PLACE OF A BLIZZARD BEYOND THE GREAT WALL 风雪塞外

上图：喀什露天市场。

政治家、探险家、传教士云集于此，交流着各地经济、文化、政治、宗教等各种信息。

今天，作为中国最西端的城市，喀什仍然是南疆最大的口岸，也仍然是丝绸交易的重镇。喀什的露天市场最负盛名。每当周日，这里的市场是亚洲规模最大，物资品种也最为丰富的市场之一。喀什是中国少数民族的大熔炉，站在集市里环绕四周，能看到维吾尔族、塔吉克族、柯尔克孜族、乌孜别克族和其他很多少数民族居民的身影。

准噶尔盆地

人们常常以"三山夹两盆"来形容新疆的地形，南有昆仑山，北有阿尔泰山，中间的天山是南疆、北疆的分界。天山以南，是广袤的塔里木盆地和塔克拉玛干沙漠，天山以北，是准噶尔盆地。

在亚洲远离海洋的大陆腹地，天山山脉沿着纬线方向舒展着雄姿，沿着天山，就是中国西北部与塔吉克斯坦和吉尔吉斯斯坦接壤的边境，伟岸的天山山脉就像一座天然屏障，将中国的新疆与相邻的吉尔吉斯斯坦分开。

巨大的沙漠将天山围困，但天山似乎毫不在意，凭着巍峨的身躯，天山截留大气水分，孕育冰川。这些冰川的融水，在南部的塔里木盆地北缘、北部的准格尔盆地南缘、东部的吐鲁番盆地和西部的伊犁河谷，滋养出了一串串绿洲。伊犁河、奎屯河、玛纳斯河、阿克苏河、开都河……一条条河流从天山发源，奔向南北。冰川融水也灌溉了森林，天山北坡海拔一千两百多米向上到雪线以下，温凉湿润的气候里，浓郁的云杉林与如茵的绿草相间，向远蔓延，远处斑驳残雪覆盖的山顶，露出些许嶙峋参差

后页：天山。

下图：天山一年中绝大部分时间里都被冰雪覆盖，冰川的融水汇成河流、孕育了绿洲、浇灌了森林。

THE PLACE OF A BLIZZARD BEYOND THE GREAT WALL　风雪塞外

的裸岩。这画面像极了五千千米外,纬度相仿的阿尔卑斯山脉,与周围的荒凉大漠完全是两个不同的世界。

生活在天山以北的哈萨克族,与主要从事绿洲农业的维吾尔族不同,他们世代过着游牧生活。牧民们每年在各个季节的牧场间转移,从夏季到冬季,逐水草而居的转场一般是从高处向低处迁徙。深秋季节,哈萨克族牧民已经在夏季的高山草场上放牧了整个夏天。几个星期后,冬季即将来临,大雪会覆盖山路,因此牧民们要趁此时离开宿营地,开始辗转到下一个草场。转场将持续几周,这是个漫长而艰辛的旅程。骆驼载着生活所需,牧人骑马赶着牲畜,成群的牛羊前呼后拥,转场的队伍浩浩荡荡,在崎岖的山间流动。

自天山向北,就是准噶尔盆地。盆地中央的低洼处,就是中国的第二大沙漠——古尔班通古特沙漠。不同于塔克拉玛干的流动沙丘,古尔班通古特是固定和半固定沙漠。尽管降水稀少,但季节分布比较均匀,使得这里并非寸

上图:一个哈萨克族家庭。

右图:天山山脉的云杉林景观。

THE PLACE OF A BLIZZARD BEYOND THE GREAT WALL 风雪塞外

上图：天山以北的哈萨克族世代过着游牧生活，他们居住的也是类似蒙古包的房屋，方便拆卸和运输。牧民们每年要在各个牧场间转移，转场时辎重主要由骆驼驮载。

草不生，能忍耐极端干旱的植物在这里顽强求生，它们在短短两个月左右的时间里，迅速完成整个生长发育过程，组成了这里独特的植物群落。

今天的准噶尔看起来荒凉凄厉，但在一万年前，这里是另一番景象。在准噶尔保留下的各个时期的地层中，有一个令人叹为观止的"史前博物馆"，它浓缩了这里曾经的生命喧嚣。在准噶尔发现的古生物化石，时间从约五亿年前到距今一亿多年，种类从各种海洋生物，到陆地上的古树、古脊椎动物化石，延续时间之长，种类和数量之多，世所罕见。在准噶尔的

上图：准噶尔盆地的戈壁荒漠景观。

古生物化石中，恐龙是最引人注目的一类，这里堪称一个现实版的侏罗纪公园。2002年，在这里发现的五彩冠龙化石，是目前已知的最早的暴龙类恐龙之一，它的出现，将暴龙的起源指向了中国。五彩冠龙的名字，来源于它的发现地——五彩湾。

今天，恐龙的时代已经远去。但在准噶尔盆地，仍然有一些有顽强生命力的小动物在这

下图：准噶尔东部五彩湾的雅丹地貌，底层中的沉积物是在不同的地质时期形成的，不同时期的沉积物中所含的成分不同，呈现出的颜色也不同，使得这里的雅丹地貌拥有斑斓的色彩。

上图（上）：一只小毛足鼠出洞活动，小毛足鼠生活在亚洲中部的沙漠环境中，通常夜间活动，在黎明和黄昏时尤其活跃。

上图（中）：这只正在觅食的小毛足鼠颊囊里装满了食物。

上图（下）：小毛足鼠洞穴中的储藏室里堆放着为越冬储备的食物。

里生存。黑暗的夜晚，小毛足鼠开始出洞寻找食物。它们是世界上体形最小的仓鼠，个头只有一个乒乓球大小。小毛足鼠的生活以家庭为单位，每个小家庭里一般只有十个左右的成员。小毛足鼠不像哈萨克族牧民那样，可以通过迁徙来躲避寒冬，它们必须储存食物，在地下度过漫长的冬天。仓鼠是一群精力非常旺盛的小动物，为了获得足够的食物，有时一只仓鼠在一个晚上移动的距离就相当于4个马拉松的长度。这时，仓鼠的颊囊发挥了作用，位于两颊的颊囊富有弹性，是它们暂时储存食物的地方，它们在颊囊里塞满种子，然后带回洞里。在地下，每个仓鼠家庭都拥有专门的食物储藏室，它们就依靠这些食物来度过寒冷残酷的冬天。

当西伯利亚的寒流笼罩大地时，冬天悄然而至。短短几周，天山已是千里冰封。尽管准噶尔盆地的沙漠和威尼斯同处一个维度，但由于附近没有海洋带来的暖湿气流，所以，这里的冬天要寒冷得多。只有在来年春天冰雪消融时，野草和其他植物才能在雪水的滋润下重焕生机。

下图：来自西伯利亚的寒流笼罩大地，五彩湾被积雪覆盖。

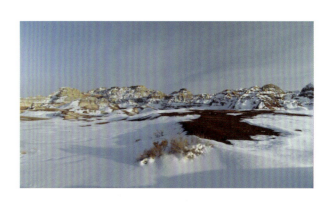

普氏野马

在长城之外的很多地方，恶劣的环境促使人和野生动物不断寻找相适应的生存资源和条件。冬季的风雪已至，来自天山的哈萨克族牧民，已经在准噶尔盆地贫瘠的草地上开始放牧。不过哈萨克人并不独享这片草场，这里还有其他动物和他们分享这片土地。哈萨克人转场的路线会绕过这里的一片用围栏圈起的围场，围场一侧的马不同于蒙古人和哈萨克人的家畜，它们是世间仅存的野生马。

从准噶尔盆地一直延伸到欧洲的广袤土地上，曾经生活着百万匹野马。但到新石器时代，野马在欧洲大陆的大部分地区销声匿迹，在这个过程中，史前人类对野马的大量猎食可能起到了不小的作用。当人类驯化了野生动物之后，牧业发展起来，人和家畜不断扩张，水草条件较好的地方几乎都被人类占据了；而人类猎食马肉和捕获野马改良家马的需求也从未消退，

下图：转场的哈萨克族牧民来到准噶尔盆地上的冬季牧场。

上图：卡拉麦里自然保护区是哈萨克人的冬季牧场，为了防止这里的普氏野马与哈萨克牧民的家马交配，冬天的一段时间，野马被用围栏隔离开来。

从栖息地丧失到直接的数量减少，野马承受着来自多方面的挤压。到19世纪末，欧洲的泰班野马已经完全消失；在亚洲，野马已经退居一隅，原本水草丰美的家园已经不再属于它们，大陆腹地人迹罕至的荒漠草原成了它们最后的家园。然而这片土地并非隐居之地。19世纪晚期，俄国军官普热瓦尔斯基从准噶尔盆地将野马标本带回欧洲，这些野马第一次有了学名——普氏野马，但亚洲发现野马的消息，也让这些身处苦寒之地的动物再次被人类垂涎。

普氏野马有着与家马相似但又不同的外表。它们体型健硕，体长能达到2.8米，体重约三百千克。夏季身覆浅褐色的毛皮，冬季的被毛则更浅些。普氏野马有乳白色的吻部，背部中央有一条黑褐色的脊中线。与家马相比，它们的头更大，四肢更加粗壮。普氏野马没有家马那样的长鬃毛，它们深褐色的鬃毛短而硬，根根竖立，好比中分发型和板寸发型的区别。

上图（上）：新疆巴音布鲁克草原上的家马群。

上图（下）：野马与家马的外形有明显的区别，它们的鬃毛短而竖立。

家马的尾巴像柄拂尘，野马的尾巴则是蓬松的束状，并不是所有的毛都很长。准噶尔地区和蒙古国是普氏野马最后生存和被人类发现的地方，因此普氏野马又被称为准噶尔野马或者蒙古野马。

普氏野马是群居动物，有高度的社会性。通常一个家庭群体由一匹成年雄性头马、它的"妻妾"们和它们的未成年"孩子"组成。马驹们到三岁左右性成熟时，就会离开出生的家庭群体，雌性进入其他的家庭群，雄性则会进入全部由公马组成的群体。这些年轻的公马，会在一两年之后建立起自己的家庭群。它们可能与未建立家庭群的雌马们组成群体，也可能会去别的家庭群中偷出母马，也可能会择机与某个家庭群的头马"决斗"，取胜后就能得到整个"后宫"，而失败者则会进入公马群。

欧洲的野马灭绝后，欧洲人一度认为世界上已经没有野马了，直到亚洲的消息传来。一时间，动物园、马戏团、科学家、商人……形形色色的人，在科学研究、商业利润、收藏和豢养奇珍异兽等各种各样的野心和利益驱使下跃跃欲试，一批又一批西方人带着捕捉野马的目的来到这片荒漠。但生性机警的野马很难接近，它们高超的隐蔽和逃脱技能常常让人类失去目标。一个俄国人曾在日记中记述，马群中的头马常隐身于灌丛后，马群中的其他成员在头马后面三四百步处行走。当头马发现危险时，它用鼻息声发出信号。整个马群迅速调整队形，年轻公马在前，头马在后，幼马跟随母马在中。马群遭到追逐逃跑时，小马驹常常会赶不上群体的速度掉队，这时头马会用鼻子推马驹，甚至空踢几下催促它们快跑。这些容易捕获和控制的未成年马，成了野马"猎人"们活捉野马的唯一可能。他们在春天母马刚生完幼崽时下手，追击马群捕获幼马，将企图护卫马驹的成年马射杀，再加上捕获的马驹在长途运输中的死亡，这种捕捉手段可谓"一将功成万骨枯"。捕捉行动从19世纪末持续到20世纪初，直到20世纪60年代，人类捕捉野马的历史才彻底结束，随之结束的，还有人类在野外看到野马的历史。很难说这些捕捉行动，是不是压死普氏野马野外种群的最后一根稻草，但这些行动却无意中成了野马重回野外家园的最后一线希望。

19世纪末的一次捕捉中,一个德国探险家在中国捕捉到52匹马驹并运回了德国,其中12匹在那里成功繁衍。现在全世界的繁育中心和动物园圈养的野马,几乎都是这12匹野马的后代。因为普氏野马保存着与家马不同的珍贵基因,野马的保护受到人们的重视。自20世纪下半叶开始,为恢复野生野马的种群,国际社会开始了广泛的合作。曾经,人们希望能在野外找到残存的普氏野马,但各种努力均宣告失败。于是计划变成了将人工驯养的普氏野马野化,重新引入它们的原生环境,并保存圈养马种群90%以上的遗传多样性。新疆北部和蒙古国西部,是近代普氏野马最后的生存地,也就成为野马回归野外的目的地。中国从1985年起陆续从德国、英国等国家引回普氏野马,在阔别故乡多年之后,普氏野马终于回归。在准噶尔盆地南缘的吉木萨尔县,当年西方探险家曾经捕捉到普氏野马的地方,中国第一个普氏野马饲养繁殖中心建立。1988年,第一批人工繁育的马驹在这里诞生。之后的20年里,这里人工繁育的野马数量从最初的十几匹增加到了数百匹,这些野马为野外种群的恢复奠定了基础。

然而自19世纪开始,野马已经被人类饲养了近百年。今天的普氏野马已经不是当年的普氏野马了,它们的野性逐渐退化,一些野马甚至与人非常亲近,没有了当年对人类的警觉。它们的生活一直在人类的照料下,有人类提供充足稳定的高品质食物和饮用水,有棚舍遮风挡雨,有疫苗注射防止感染疾病,还有兽医提供健康和治疗服务。但它们的原生地,是一个完全不同的环境。那里夏季短暂但酷热,最高温度能达到50℃。冬季寒冷而漫长,最低温度可达-38℃,雪被覆盖大地,可以厚达三四十厘米。植被覆盖度只有10%～20%,植物物种简单而稀少。有蒙古野驴、鹅喉羚等野生动物和成千上万的家畜与它们争夺食物。还有陆地上的狼,高空中的猛禽对它们虎视眈眈。普氏野马离开这样的环境太久了,再回到这里,它们能否靠自己找到食物和水源?能否应对夏季的炎热、冬季的严寒和暴风雪?能否在与其他食草动物的竞争中占得一席之地?能否躲避天敌的袭击?能否建立起自然群体,并成功繁殖后代?这些都很难预料。在这样的情况下,人类做足了一切放归前的准备工作,并选择了循序渐进的方法。尽量把可能的风险降到最低,提高野外放归的成功概率。

被放归的野马群体经过精心挑选,群体的血缘组成、雌雄比例和年龄结构都经过合理的设计。这能够减少放归初期陌生个体间的争斗,促使群体等级序列尽快建立,并使群体在比较长的一段时间内保持稳定,避免群体结构出现过早的更替,这样有利于群体繁育和抚养后代。在野马进入完全自然的生活环境之前,它们将经历半自然的适应过程。一个野马群体将拥有几百公顷的范围,它们不再有棚舍的荫庇,但仍有围栏的保护。来自人类的食物补充和监控将逐渐减少。它们将慢慢适应没有人类的生活,形成稳定的群体关系。几个月或十几个月后,它们将在冬季被放归完全自然的环境中。虽然冬季可能面临食物匮乏,但这样做能够保证它们不会因为缺水而死亡,当食物不足时,它们仍然会得到人类的帮助。

　　就在普氏野马繁育中心以北20千米的地方，卡拉麦里山有蹄类自然保护区北部的乌伦古河南岸，一片数万平方千米的戈壁草原被选为普氏野马的放归地，这里也曾是普氏野马最后的栖息地之一。2001年8月第一批27匹普氏野马在这里被放归自然。2002年，7匹成年雄性野马被放归自然，组建了第一个野外公马群。这些野马在野外表现出了令人欣慰的适应性能力，大自然中的生活也赋予了它们不同于圈养的行为模式。春季，它们大范围搜寻着适口的嫩草，选择性地找那些食物密度大的区域。它们学着辨认能吃的食物，食谱慢慢变宽。干燥炎热的夏季和初秋，它们靠敏锐的嗅觉捕捉空气中水的气息，寻找那些能利用的泉水、冰雪融水和降雨形成的临时水洼，它们利用的水源地渐渐增多。它们已经懂得利用通风良好的区域躲避炎热的天气，懂得在水中洗澡来降低过热的体温。冬天，野马们能够刨开雪被寻找食物。圈养狭小空间中的刻板行为渐渐消失，它们在辽阔的草原上自由驰骋。没有人工饲喂，它们把更多的时间被用在了觅食上，休息的时间相应减少。为了减少来往于水源地的次数，降低能量消耗，它们采取了多量少次的喝水策略，而不再是圈养时的少量多次。自然群体很快组建起来，群体成员之间表现出了丰富的社交行为。放归的野马已经成功地繁殖了后代，随着群体渐渐"人丁兴旺"，它们活动的领域也随之增加。在卡拉麦里之后，甘肃敦煌西湖自然保护区成为第二个野外放归地。2010年，这里迎来了第一批放归野马，这些野马同样稳定地生活并顺利产下了后代。

　　普氏野马在野外的生活也面临着一些问题，最突出的矛盾来自家畜。卡拉麦里的放归地是哈萨克族牧民传统的冬季牧场，普氏野马与家马的接触增加了传播疾病的可能性，潜在的杂交风险也威胁着普氏野马的纯正血统。因此在冬天的一段时间里，野马被隔离开来，以防止它们与哈萨克族牧民的家马交配。这样可以保护野马纯种的基因。但更大的问题是，家畜和野马都是以草为生，它们之间会彼此争夺草场。很多哈萨克族家庭带着牲畜在冬天转场时，都会经过这里，那些长期适应游牧生活的家畜，作为此处居民的资历比放归的野马更老，这些"老资格"对食物和资源当仁不让，等野马从围栏里放出来的时候，最好的草料常常已被吃光，留给野马的是一片荒芜。当食物不足时，野马的生存状况会立刻下降。即使在中国最荒无人烟的地方，野生动物和人类依然会为了生存而产生冲突。

　　人类曾让野马灭绝，或许也可以让野马重获新生。人与野马的矛盾需要多方面的力量去解决，在冲突中找到一个平衡。不幸中的万幸，至少野马们从祖先那里继承来的野性、速度、矫健身姿和对严酷环境的适应能力又在大自然宽广的天地中得到了释放，这已经是非常成功的一步。

后页：蒙古国呼斯台国家公园的普氏野马群。蒙古国也是普氏野马曾经的自然分布区之一，这里的普氏野马重引入工作自20世纪90年代起开始实施。除中国和蒙古国外，哈萨克斯坦、乌克兰等国家也开展了帮助普氏野马回归野外的保护项目。

最后的鹰猎

在这片贫瘠的土地上，人类与野生动物之间，保持着一种非同一般的关系：哈萨克人与他们的猛禽一起相互依存，这项传统已经延续了千年。82岁的扎亚老人，就是这一传统的继承者。每年冬天，老人都会带着他的金雕一起外出打猎。老人的金雕大约五岁，当它还是幼鸟时，老人就把它从野外带回来精心饲养，训练它每次捕猎后都回到自己身旁。通常在金雕十岁大的时候，扎亚就会将它放生。

狐狸曾是放鹰人最喜爱的猎物。但是现在，已经很难看到狐狸了。这里的野生动物数量与过去相比减少了太多。扎亚放归这只猎鹰后，他将结束自己的狩猎生活。很多年轻的牧民已经不再继承传统的游牧生活，陆续搬进了城市，这样，生活就不再受季节更替的影响了。

正如人类很早就发现鸬鹚之类的鸟有捕鱼绝技，猛禽们捕猎的能力也很早就引起了人类的注意。四千多年前，生活在中亚山地的先民就开始驯养猛禽捕猎；今天，哈萨克斯坦仍然被称为猎鹰故乡。除中亚以外，鹰猎在东亚、西亚、欧洲和北非地区都有悠久的历史。最初的鹰猎可能只是一种为了获得食物、满足生存需求，而进行的狩猎活动，后来鹰猎不仅是一种谋生技能，更演变成了一种休闲娱乐方式。

在中国，鹰猎是长城以北的渔猎、游牧民族中的世代传承的古老技艺。契丹、女真、蒙古等民族驯养"海东青"（这种曾在历史上被奉为猎鹰极品的猛禽，可能是适应北方苔原环境的矛隼）在辽金元代盛极一时，影响一直持续到清代。在西北地区，柯尔克孜、哈萨克、维吾尔等民族的鹰猎习俗，也是西域文化中的一部分。可以想象，在长城内外的进退来往中，在丝绸之路上的东西互动中，猎鹰和鹰猎文化，也是民族地域间朝贡、贸易和文化交流的一部分。中国历史上，汉族以猎鹰、猎犬协助狩猎的活动，从先秦时代就已经出现，唐宋时期，架鹰打猎成为一种普遍的户外活动，从苏东坡在《江城子·密州出猎》中"老夫聊发少年狂，左牵黄，右擎苍，锦帽貂裘，千骑卷平冈"的豪迈词句中，就可见一斑。

新疆地区的鹰猎活动中，驯养的猛禽包括猎隼、苍鹰、金雕等，金雕是其中体型最大，也最珍贵的一种。约一米的体长，超过两米的翼展，尖锐的喙和爪，犀利的眼神，使金雕有一种凛然不可侵犯的强大气场。金雕的猎物中既有雉类、啮齿类这样的小型动物，也包括狐狸、山羊、狍子这样的大型动物。金雕的育雏

下图：每年冬天，扎亚老人都会带着他的金雕一起外出打猎。

上图：金雕全身的羽毛以褐色为主，颈上一圈金色的披针形羽毛，是金雕这个名字中"金"字的含义。

前页：在新疆地区鹰猎活动驯养的猛禽中，金雕是体型最大的一种。金雕有强大的猎杀能力，不仅能猎捕狐狸、黄羊等大型猎物，甚至能杀死狼。

时间长达数月，双亲为此投入巨大，来保证繁殖的成功。这些性情勇猛桀骜的大鸟成年后很难驯服，所以往往在幼年时就遭到捕捉。

　　社会的发展和现代生活的不断渗透，使鹰猎这种习俗渐渐衰落，鹰猎仅在为数不多的地方保存至今。近几年，随着保护文化遗产的意识逐渐增强，鹰猎文化的传承也引起了人们的注意。但同时，打着保护传统文化的旗号过度包装鹰猎，为获得经济利益而进行非法捕捉、买卖猛禽的情况也随之产生，这严重危害着这些本就已经非常稀少的鸟类的生存（需要提醒的是，所有的猛禽都是国家保护动物，受到法律的保护，在未获得相关许可的情况下，任何捕捉、贩卖、饲养都是违法行为）而这些处在食物链顶端的猎食者，关乎整个生态链的健康。

　　猎鹰并非真正被人类驯化的动物，猛禽很难实现人工繁殖，所有的猎鹰都来自野外捕捉。从捕捉到驯鹰过程中，人类对待猎鹰的各种手段，显得与现代尊重生命、善待生命的价值观相抵牾。人类按照自己的意愿和需要捕捉猛禽，或捕捉幼鸟，或捕捉雌鸟，甚至破坏整个巢穴，使繁殖中的猛禽家庭"妻离子散"，遭遇灭顶之灾。在猎人"熬鹰"的过程中，以剥夺睡眠和食物的方式，强迫猎鹰就范。但任何有生命的东西都是向往自由的，更何况翱翔高空的猛禽并非驯化的猎犬，它们不会对猎人忠心耿耿，只是出于饥饿等生理困境而顺从，如果有机会，它们仍然会选择脱离控制，一去不回。

　　单就鹰猎这种文化传统而言，正如在探讨使鹿鄂温克人的森林狩猎传统中说到的那样，年轻一代有权利选择自己的生活方式，一切的初衷是人类的福祉（这种福祉中当然也包括享受良好生态环境的权利），是如何使人们过得更好，而非传统本身。

后页：苍鹰也是鹰猎活动中一种常见的猛禽，苍鹰的翼展在一米左右，能够猎捕野兔一类的小型猎物，体型大、猎捕能力强的雌性苍鹰尤其受到驯鹰者的青睐。

THE PLACE OF A BLIZZARD BEYOND THE GREAT WALL　风雪塞外

风雪塞外　THE PLACE OF A BLIZZARD BEYOND THE GREAT WALL

哈尔滨冰雪节

让我们再次回到东北，现在已经是数九隆冬，长城依旧是这片土地上最为显著的建筑。历史上民族间争斗的屏障，如今已是久远往事中的一个历史遗迹，人们已不再拘泥于长城内外。哈尔滨，就是关外一座繁华的现代都市。每年的这个时候，哈尔滨的艺术家们都会开始为冬天的这场特别盛典做准备。人们从江中取来巨型冰块，制作成冰雕和大型的冰灯。

从遥远的石器时代，人类就开始在北方苦寒之地生存繁衍，从他们在远古地层中留下的原始艺术品，我们可以想象，求生是人类的本能，但想象力和创造，同样是人类的天性。美的创造无关地域，而不同地域的自然环境，会催生出不同的美。正如赫哲人有鱼皮、鄂温克人有桦树皮、和田有丝绸、蒙古族和哈萨克族有毛毡，在黑龙江，人们用另一种富有地域特色的材料，创造着属于自己的美。

在北方，寒冷的天气带来了一种独特的材料——冰。易得又有足够硬度的冰，从很早的时候就被用来制作简易的冰灯。冬季，把一桶水放到天寒地冻的室外，水会很快结冰，从外向内逐渐凝固，在中间的水没结冰之前，稍微

右图：哈尔滨冰雪大世界。这些大型冰灯所用的冰，来自松花江特定的江段。从江面切割下来的大块冰料运抵冰雪大世界，经过处理和搭建，形成这些以冰为砖瓦的建筑。

THE PLACE OF A BLIZZARD BEYOND THE GREAT WALL　风雪塞外

上图：冰雕作品装点着冬季的哈尔滨。以冰作为雕塑材料，对力量的拿捏是个考验，冰的质地坚硬，但同时也很脆，雕刻者对冰的特性必须非常熟悉，否则作品很容易碎掉。

右图：白天，这些大型冰灯已经足够壮观，只是色彩有些单调，等到太阳下山以后，这壮观的景象在彩灯的烘托下呈现出仙境般的魔力。

加热，把冰和桶分离，再倒出中间剩余的水，放入灯盏。晶莹剔透的冰灯，既透光又防风，是松嫩平原上的农人和江中的渔夫常用的照明工具。到了中国人以灯为主题的上元佳节，冰灯就成了与冰雪为伴的黑龙江人绝佳的庆祝方式。早在清代嘉庆年间，就有齐齐哈尔"花式"冰灯的记载："上元，城中张灯五夜……有镂五六尺冰为寿星灯者，中燃双炬，望之如水晶人。"

20世纪60年代，哈尔滨开始举办冰灯节，尽管早期的冰灯制作要比现在简陋得多，但它激发了人们的创造力。如今，哈尔滨冰雪节已经成为一个冰雪的狂欢，每年春节前后的几个月里，游客们自天南海北蜂拥而来，来观赏这些壮美的冰雕，流连于冰雪造就的城市之中，领略这份大自然的恩赐与人类的想象力共同创造出的北国风光。

中国北方尽管生存环境不大尽如人意，但处处都有壮美的景色。哈尔滨的冰灯节就体现出长城之外随着岁月变迁所发生的天翻地覆的变化。面对着昔日严酷的生存环境，人们已不再心怀恐惧，反而开始接受并喜爱这极端的自然地理环境带给人类的种种乐趣和享受。